中国社会科学院公共政策研究中心
泰康长寿时代研究院

研究成果

朱恒鹏　李明强　主编

日本商业健康保险
监管体系研究

昝　馨　张心远　——　著

REGULATIONS OF COMMERCIAL HEALTH
INSURANCE IN JAPAN

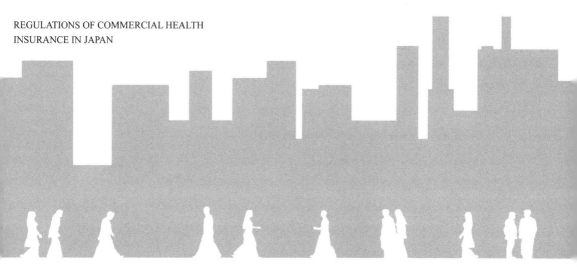

社会科学文献出版社
SOCIAL SCIENCES ACADEMIC PRESS (CHINA)

目　录

导　言

　　现代国家中，一个行业监管的方式、程度、架构等制度设计深刻影响着这一行业未来的发展趋势与内容。以政府为主体的监管内容既包括政府的规制——为行业行为划定边界，也包括政府的鼓励——为行业发展留出空间。就中国保险行业的发展而言，未来改革的取向无论是行政主导还是市场主导，政府监管体系的构建都牵动着行业发展的命脉，决定着行业创新与规范运行的活力。

　　中国商业健康保险起步于 20 世纪 90 年代。新一轮医改以来，其产业发展与民生改革意义逐年凸显，2014 年，国务院发布《关于加快发展现代保险服务业的若干意见》，明确提出"把商业保险建成社会保障体系的重要支柱"，商业保险的政策定位发生"质的飞跃"。在行业监管方面，2006 年《健康保险管理办法》的出台到 2019 年《健康保险管理办法》的修订以及各项具体监管政策的出台，都体现出国家对商业健康保险深化发展的渐趋重视与有意引导。2020 年 2 月出台的《关于深化医疗保障制度改革的意见》更是提出把"加快建成多层级医疗保障体系"作为改革的指导思想。

　　受制于商业健康保险在国内的有限发展，目前国家还没有针对商业健康保险更加系统、更为全面的制度性体系设计。商业保险公司作为市场中的活跃主体，有必要先行一步，梳理发达国家在商业健康保险监管方面的体系设计、相关法规等，探索未来商业健康保险监管体系构建的经验性启示，可以为企业长期发展提供战略性支持。

　　日本商业健康保险监管体系的经验值得梳理借鉴。第一，日本是亚洲经济最为发达的国家，相较欧美经济体，日本的制度建设与发展经验更受亚洲地区关注，中国台湾地区健康保险体系深受日本影响即为一例。第二，日本与中国在商业健康保险发展方面，本就有相似的制度背景，即都有一个覆盖全民的社会医保体系，在方方面面影响甚至限定着商业健康保险体系的演进。第三，日本在市场经济发展进程中，具有一定的保守主义特色，即对让部分资源按市场机制配置充满警惕，这类情绪同样可见于中国，并实实在在地影响着包括医疗、医保在内的诸多行业的发展。因此，梳理日本商业健康保险监管体系的"放行"与"禁行"，及其随制度环境变化而发生的趋势性改变，可为中国商业健康保险监管体系未来的发展提供诸多启示。

基于以上要旨，本书的基本结构和各章内容安排如下。文中引用的数据如无特殊说明，均为本书完稿时可引用的最新数据。[①]

一 日本商业康健保险的发展背景与市场定位

日本商业健康保险发展起步于 21 世纪初，其时日本已建立高保障、广覆盖、重公平的社会医保制度，这是日本商业健康保险发展最重要的制度背景，也影响了商业健康保险的市场定位。

（一）日本社会医保体系概述

·**板块化的体系构成**。日本社会医保分为"员工保险"和"国民健康保险"两大板块，前者按职业受保，后者按地域受保。在职人群均参加"员工保险"，老年人群、自由职业者等或通过其在职的家属参加"员工保险"，或参加由财政高额补助的"国民健康保险"。2008 年后，"国民健康保险"把 75 岁以上老人单独划分出来，成立"后期高龄者医疗制度"，享受相对更高的医疗保障待遇。

·**法人化的经办机构**。员工保险中的"协会健保"在 2008 年以前为厚生劳动省社会保险厅直接运营，2008 年后改为由社会组织全国健康保险协会运营。全国健康保险协会在各都道府县设有分会。员工保险中的另两类——"组合健保"和"互助协会健保"由参保企业、行业协会和政府部门各自委托社会运营。三类医保费率均由地区经办方自主决定。

---

① 对数据来源的说明参见附录 1。为排除 2020 年开始的全球新冠肺炎疫情这一特殊事件带来的影响，部分数据引用时截至 2019 年。

国民健康保险中的"市町村国保"和"后期高龄者医疗制度"由地方政府直接运营。

· **高财政补贴的筹资结构**。在社会医保筹资额中，保费缴纳仅占五成，其余均为财政补贴。财政补贴主要流向覆盖相对弱势人群的国民健康保险，特别是后期高龄者医疗制度板块。员工保险也对后期高龄者医疗制度提供保险支援金。在后期高龄者医疗制度中，个人缴纳保费只占总筹资额的11%，其他保险支援金占比为41%，其余为各类财政补贴。

· **市场化的医疗服务供给方**。日本对医疗机构实行自由开业制度。医疗服务提供方以私立机构为主，私立医院数占医院总数的81.6%，私立诊所占诊所总数的96.1%。普通病床中私立病床数占总数的56%。

· **一体化的社会医保支付**。社会医保对医疗机构按照统一定价进行支付，各种诊疗、药品、检查等，都有统一的支付标准，且各保险板块补偿待遇相同。支付标准采取法团主义色彩浓厚的协商模式，由中央社会医疗保险理事会在调查市场价格的基础上议定，每两年修订一次。

· **广泛的社会医保支付范畴**。初级诊疗（全科医生）、二级诊疗（专科医生）、住院、处方药和牙科诊疗等都在支付之列。日本《药事法》批准的药品几乎都被收入社会医保目录。社会医保甚至还能支付部分在其他国家基本不包括在公共健康保险体系中的替代疗法，如针灸、按摩和中草药治疗。

· **专业化的社会医保监管**。厚生劳动省和各都道府县厚生劳动局及医师协会合作，由政府指定官员和协会推举的医生、牙医、药剂师和护士代表共同组成监察小组，每年对一部分医疗机构和医生的诊疗程序、内容和收费情况进行专门的监察。监察对象的选择会参考患者和医疗机构工作人员的举报信息等。监察结果在厚生劳动省网站上公布。

· **社会医保的"穿底"风险防范**。主要措施有：增收消费税以支持社会医保筹资增长；设有长期护理保险制度，提高医疗和护理资源利用效率；住院支付中引入DPC打包支付方式，在医院自愿基础上推广，奖励医疗机构减少住院天数、提高资源利用效率。

（二）日本商业健康保险市场定位

· **1995年《保险业法》改革：释放市场力量**。

日本在经济高速发展时期实行较严格的金融管制，对保险业限制保险公司的业务扩展和互相竞争。因此，日本的商业健康保险在 20 世纪 90 年代金融自由化进程中，在 1995 年《保险业法》修订后才起步发展。自 2001 年开始，日本全面放开寿险与产险公司经营医疗健康类保险，商业健康保险正式起步。

· **商业健康保险定位：社会医保的补充性保障。**

· **保障形式以现金赔付为主，不直接参与医疗资源配置。**

· **社会医保高保障水平，推行禁止"混合医疗"原则（即禁止患者使用社会医保目录外服务及药品），客观上挤压了商业健康保险的配置需求。**

· **人口老龄化、技术进步等因素给社会医保带来持续压力，为商业健康保险发展留出"缝隙"。**

二 日本商业健康保险发展现状

· **保险市场概况。**2020 年，日本的保险深度为 7.1%，保险密度为 2,890 美元（约合人民币 19,457 元）。

· **商业健康保险近年来发展趋势。**传统寿险业务增速放缓，商业健康保险增速强劲。在寿险公司中，商业健康保险保单量占比逾 1/3。

· **市场结构：以寿险公司为主的竞争性保险市场。**全日本有寿险公司 42 家，其中外资公司 14 家，日资公司 28 家（均为民企）。另有 18 家财产保险公司销售健康类保险。

· **赔付支出。**2014~2019 年，住院和手术赔付件数及金额稳步上升（2020 年有所下降）。

· **多样化产品类型。**

· **按保障范围分类：包括重疾险、医疗保险、癌症保险、女性保险和长期护理保险。**

· **按受保条件分类：对既往病史差异化处理。**

· **按保障期限分类：包括定期保险和终身保险。**

· **按合约类型分类：包括独立合约与附属合约。**

· **多元化销售渠道。**包括通过设于各地的分社用自己的销售人员直接销售或上门推销、通信销售（邮购）、网络销售、银行销售和保险代理店销售等。传统销售人员直销占比近年来有所下降，保险代理店销售占比明显增长。

·**已婚家庭为主的保险购买群**。商业健康保险方面，女性购买动机略强于男性。30~39 岁的人口购买商业健康保险的动机强于其他人口，19 岁以下的人口购买动机最弱。保险产品设计与客户精细需求的契合度是影响购买意愿的主要因素。

·**产业链延伸：开办护理机构**。护理机构提供的护理服务可以享受公共长期护理保险给付，同时也允许受护者从商业长期护理保险中获得补充性的现金赔付。

·**开放的宏观信息数据采集及个人信息行业共享**。厚生劳动省提供全国范围内的医疗卫生相关统计调查信息。行业协会要求受保人做好信息登记并向其他商业保险公司共享。

三　日本商业健康保险监管体系

·**多元化监管主体**。以内阁府金融厅为主体，同时强调行业协会发挥自律作用。金融厅主官均为专业技术官员。

·**促进开放的制度设计**。1995 年《保险业法》改革的内容主要包括：放开市场准入，扩大企业自主权，扩充市场交易渠道，加强风险管控方面的国家干预和加强保单持有人权益保护。

·**鼓励购买寿险类产品的税收优惠**。日本国民如果单独购买商业健康保险，可能获得的最高年保费扣除额（即税收减免）为 6.8 万日元，约占日本人均国民收入的 1.2%（2019 年），约占日本人均年消费支出（2019 年）的 2.4%。

·**常规监管机制：现场／非现场**。监管部门通过定期要求保险公司报告经营情况来掌握保险公司的业务状况，也对保险公司发起定期和临时的现场调查。另外设置非常规化的监管机制，设立在线"金融监管信息收集窗口"，向全社会开放征集信息。

·**监管内容：市场行为监管和偿付能力监管**。前者主要指对保险公司的市场准入、业务范围、产品开发、保费费率等方面的监管；后者则指对保险公司资产的管理和偿付能力的评估。

·**市场准入与业务范围**。包括财务基础、经营者资质、保险合同内容、保费及责任准备金计算等。保险公司在保险业务及资产运营之外，还可以开展附属业务（代理另一家保险公司的保险相关业务或代行事务、债务担保等），以及法律允许的"法定他业"（公司债券的委托销售和管理、保险金信托业务等）。保险公司占股50%以上的子公司可以从事金融业务、金融业的从属业务和金融业的关联业务。

·**公司类型：股份制公司和相互制公司。**1995年《保险业法》改革后，5家相互制公司转制为股份制公司。

·**责任准备金确定方法。**内阁府金融厅委托日本精算师协会制作"标准生命表"，共有3种，据以计算普通寿险、年金险和健康险准备金的基准利率，再依此审核保险产品的保费计算方法，扩大企业自主权。

·**边际清偿力比率和早期预警系统。**边际清偿力比率根据给定公式计算，同时要求保险公司公布指标结果及计算过程。边际清偿力比率低于200%时，根据不同类别采取不同处置措施。

·**资产运用规定。**2012年以前，日本曾设定保险公司资产运用的各类规模比例，2012年后取消比例限制。

·**由社会组织承担的保单持有人权益保护。**保险业行业协会接受保单持有人的投诉，调节矛盾纠纷。保单持有人保护组织对破产保险公司的保单持有人提供资金援助。

四　三个重点问题

（一）强管制的竞争性医疗服务市场

·**《医疗法》沿革：由严格规划管制转向放宽市场准入、鼓励竞争。**日本自1985年后八次修订《医疗法》，主要针对医疗资源地区间不平衡、老龄化社会对慢性病和长期护理服务需求的不断增长、医疗服务市场的过度无序竞争三大问题，鼓励医疗服务市场竞争，同时强化提升基层小型医疗机构能力，鼓励社会办医承担更多公益性职能，并加强市场精细化管理。

·**社会办医为主的医疗服务市场构成。**医疗法人是日本医疗服务市场的中坚力量，且近年来数量呈上升趋势。目前，日本法律禁止社会资本直接利用医疗法人获利，出资方不得分红，且撤资或法人解散时仅能拿回与当初出资额同等的资产。

·**行政主导的医药价格干预**。凡是列入社会医疗保险目录的药品、检查和其他医疗用品，日本均实施全国统一价格。社会医疗保险目录外的药品等实行市场定价。1974年，社会医保通过提高服务费用实质性推进医药分业，同时逐步确立厚生劳动省主导药价调查的原则和方法，使保险支付价格与医疗供方的实际购买价格不断接近。

（二）"混合医疗"问题

·**禁止"混合医疗"原则的初期内容**。在已经接受了社保给付的疾病诊疗过程中，医疗供方不能在社会医保覆盖范围外，对社会医保目录外的服务和药品向患者单独收费。一旦发生这种收费，则针对该疾病的所有诊疗费用，社会医保都不再给付，一律转为患者自付。

·**主要政策目标**。一是限制医疗机构向患者推销未经确认安全性和有效性的疗法和药品；二是避免支付能力更强的患者使用更多社会医保资金，违背社会医保二次分配的制度功能。

·**在社会医保面临的持续压力下，该原则逐步放松**。对给定的特选医疗服务、评估医疗服务、部分社会医保尚未覆盖的新药和尖端疗法等允许患者接受（或申请接受）"混合医疗"。

·**禁止"混合医疗"原则与医疗技术发展**。禁止"混合医疗"原则限制了新技术、新药品在日本市场的应用与推广，但"混合医疗"可能增强医疗机构对资本投入的依赖性、加剧竞争等，因而日本医生普遍反对继续对这一原则松绑。

·**商业健康保险机遇与现有产品设计**。通过对特选医疗服务的规定，最常见的"高端"医疗服务（以特殊病房和高级假牙材料等为代表）均已被允许与社会医保目录内服务构成"混合医疗"。商业健康保险主要采取现金赔付的方式，为被保险人覆盖这部分费用。"混合医疗"范围的开放为商业健康保险提升产品吸引力提供了空间。

（三）医疗大数据的法律支持："医疗大数据法"

·**法律主旨**。允许对国民个人医疗及健康信息进行匿名化处理和整合，以使信息数据充分利用，促进产业创新。

·**开放的数据获取机制**。新法规定医疗机构只要在患者没有正式、明确拒绝的情况下，即可以收集、处理、利用患者全面的医疗信息。在保护患者隐私的前提下，任何有能力的机构均可通过申请获得处理数据的资格，并有偿将其提供给以促进医疗领域研发和服务模式创新为目的研究机构使用。

五 对中国及中国保险行业的启示

1995 年修订《保险业法》、开放商业保险市场，支持商业健康保险发展，是在日本经济从高度繁荣转向经济停滞的重要背景下展开的。传统的经济体制不再能满足经济持续增长的要求，迫使日本政府转向国内市场，进行经济结构转型，扩大内需，以缓解国际形势动荡、金融风险提升带给日本国内的冲击与压力。

成型于经济高速增长期的日本社会医保制度在一定程度上制约了商业健康保险的发展，限制了居民健康保险的市场需求，但随着经济缓行、人口老龄化趋势清晰可见，高水平、广覆盖的社会医保开始面临巨大压力。而经济转型往往又要求国家提高社会保障水平，以熨平利益格局调整中可能出现的社会不稳定因素。20 世纪 80 年代后，日本基尼系数一度迅速上升，这要求国家在普惠性原则基础上提高社会保障水平，因此标志着"医疗平等"的禁止"混合医疗"原则开始松绑，为后来商业健康保险的发展留下了空间。

（一）对中国的启示

第一，中国正处于经济转型的关键时期，与 20 世纪 70 年代中期后日本经济下行时期有一定的相似之处，迫切需要推进经济发展从以制造业为主向以服务业为主转型，扩大内需，促进消费升级。

第二，经济转型必然要求加大对收入分配及社会保障的重视，对冲转型过程中潜在的社会冲突，避免陷入中等收入陷阱。中国居民收入基尼系数从 2008 年的 0.491 降低到 2015 年的 0.462 后重新走高。碎片化的城乡二元结构以及日趋拉大的区域性差异，都使得社会保障体系面临巨大压力。继续提高普惠性的社会福利要求公共财政的有力支撑。然而，中国缺乏社保筹资扩容空间，必然要求提供多层次保障支柱。

第三，人口老龄化既是危机，也是机遇，需要未雨绸缪。日本在 20 世纪 90 年代进入重度老龄化时代后，开放了护理服务市场。在机构养老之外，以社区为主的日常照护服务也都能得到公共医保及商业护理险的给付。与此同时，日本通过修订《医疗法》，支持建立负责慢性病长期治疗和护理的"疗养病床群"医院及诊所，推动日本在进入重度老龄化时代后积攒可以提供更多照护服务的医疗专业力量。

第四，尽管社会资本进入医疗服务市场在日本受到较严格的限制，但社会化办医、放宽市场准入、强化初级医疗服务能力、扩展居民就医选择在进入老龄化时代后是明显趋势。严格意义上的中国诊所（含医务室）2018 年只有 22.8 万家，每 10 万人只有诊所约 16 家，而每 10 万人医院数为 7.5 家，且大多在城市、县域地区，人口规模在 3 万~5 万人的乡镇地区通常只有 1 家乡镇卫生院及少量诊所，存在明显的医疗资源结构性短缺，急需支持社会办医力量特别是小规模医疗机构的发展。

第五，健康有序的商业健康保险发展离不开国家监管的良性支持。日本商业健康保险的监管体制呈现政府、行业、社会多方参与特征，务求实现监管的专业性、规范性，在原则基准线之外最大限度地尊重市场主体，鼓励市场良性竞争，同时也持续强调对被保险人的权益保护，成立相应的权益保护性社会组织，共同维护行业整体的长期声誉及可持续发展。

第六，信息技术时代的"大数据"挖掘既可以为社会医保提供信息、研究支持，也可以开放给商业机构，以提升全社会福祉。

（二）对保险行业及商保公司的启示

1. 长寿时代的大健康产业生态

实施尖高端医疗服务的"特殊功能医院"以及负责慢性病长期治疗及护理的"疗养病床群"医院是日本 20 世纪 90 年代最先放开的医疗服务业态，既支持已有医院增加这两种机构资质认证，也鼓励新建机构向这两个方向发展，反映出长寿时代最为突出的两种医疗服务需求，也推动了商业健康保险中医疗险、癌症险、护理险等险种产品的发展。目前，中国在专注于尖端技术服务与长期慢性病管理两方面都存在明显的结构性短缺，是包括商业保险公司在内的社会资本办医应重点考虑的发展方向。在链接尖端医疗服务与日常慢性病管理方面，商业健康保险较其他社会资本更具优势。

2. 商业健康保险与社会医保链接及多层次保障支柱形成

日本商业健康保险没有经办社会医保的功能，这与日本社会医保经办本身已经实现法人化、专业化有关。中国与之相反，社会医保经办长期运行低效、专业化水平低，在经济发达、政府管理思维开放的地区，或者经济欠发达、社会医保资金捉襟见肘的地区，二者都会对引入商业健康保险经办社会医保保持相对开放的态度。北京等经济较发达但社会医保基金结余明显收窄的地区，对商业健康保险的补充性保障有更多的需求。保障可设计多种形式。社会医保强化控费后带来的市场影响可以让商业健康保险在经办社会医保过程中发现新的市场可能。

3. 信息技术发展带来的行业利好

中国在进入长寿时代不久后就迎来信息技术的快速发展，国家对"智慧医保"的重视加快了医疗信息数据化、标准化的进程。尽管目前中国还没有类似的法律支持医疗信息对商业机构开放，但这是未来可以努力争取的方向。对商业保险公司而言，如何更大限度、更深程度地利用已有客户信息形成局部"大数据"，形成数据动态更新、挖掘，也是需要提前考虑布局的命题。

4. 行业自律及品牌构建

中国与日本共同的特征是从道德上对商业健康保险有天然的不信任。在这种情况下，除了政府监管外，行业自治、自律有至关重要的作用。行业自发维护、提升行业发展的专业化、规范化水平，对构筑行业声誉、规范市场行为极为关键。在缺乏组织有力的行业协会以及行业自发联合行动的当下，有社会责任感的商业保险公司需要有"带头"的规范意识和自我驱动，以带动行业健康有序发展。

第一章　日本商业健康保险的发展背景与历史定位

一　日本商业健康保险发展的制度背景与功能演变

有关福利制度的研究通常认为，所有发达国家福利提供都存在某种程度的公私混合，两者共同构成一国福利体制的特征。丹麦学者哥斯塔·埃斯平-安德森在其经典著作《福利资本主义的三个世界》中，将发达国家福利制度分为三种体制：一是国家为市场拾遗补阙的自由主义体制，典型代表为美国；二是国家主导但对不同身份和职业的公民设计不同保障方案的法团主义体制，典型代表为德国、法国及日本；三是重在消除特权与去商品化的普遍主义体制，代表为以高福利著称的北欧国家。相应地，商业保险无论是养老保险还是健康保险，在这三种体制的国家中都有不同表现——自由主义体制国家商业保险更容易发达兴盛，而后两种体制下商保空间则相对狭小，其中以普遍主义体制国家最为艰难，受掣肘最多。

从表1-1和图1-1中可见，自由主义国家税负低、福利水平低，因而居民购买力或购买需求更强；法团主义国家居民购买力处于中间水平；普遍主义国家在国家普遍供给高质量公共服务的情况下，居民购买需求/意愿相对低。中国是处于转型过程中的发展中国家，国家汲取收入占比和家庭储蓄率都不低，因而出现居民最终消费支出占GDP比重较低的结果。图中较特殊的是英国，作为普遍主义国家，居民最终消费支出占GDP比重超过美国，这部分与英国储蓄率较其他国家更低有关。此外，如图1-2所示，英国是普遍主义国家中公共福利支出占GDP比重相对较低的国家，明显低于挪威（25.3%）和丹麦（28.3%），也低于法团主义国家中德国（25.9%）和法国（31%），接近日本（22.3%）。

表 1-1　不同福利体制国家税负、福利、消费力比较

福利体制		税负	福利水平	居民最终消费支出占 GDP 比重
发达国家	自由主义（美国）	低	低	82.3%
	法团主义（日本）	中	高	75.4%
	普遍主义（挪威）	高	高	69.3%
中国		中	低	39.2%

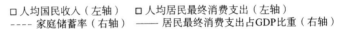

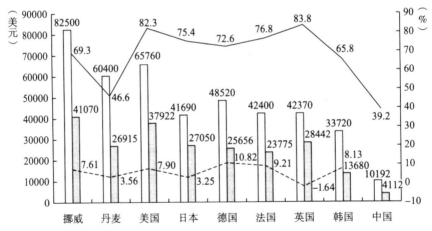

图 1-1　2019 年部分国家人均国民收入、
消费支出、最终消费支出占 GDP 比重及家庭储蓄率

注：人均国民收入（Gross National Income per capita）是指一年内本国人民和企业赚取的财富总和除以本国人口数。人均居民最终消费支出（Households and NPISHs Final Consumption Expenditure per capita）是指一年内本国居民购买商品和服务所支付的价值总和除以本国人口数。家庭储蓄率（Household Saving Rate）是家庭储蓄占家庭可支配收入的比例。

数据来源：世界银行；OECD Data。

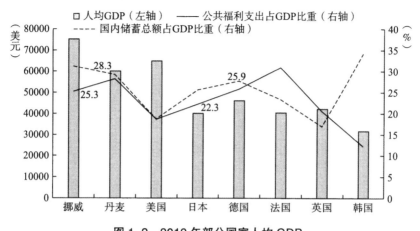

图 1-2 2019 年部分国家人均 GDP、
公共福利支出占 GDP 比重、国内储蓄总额占 GDP 比重

注：国内储蓄总额（Gross Domestic Savings）是国内生产总值减去最终消费支出，包括家庭部门、私营企业部门和公共部门的储蓄。
数据来源：OECD Data；世界银行。

日本是法团主义体制的代表性国家，也是亚洲经济最为发达的国家之一。2020 年，日本总人口约 1.26 亿，人均 GDP 为 40,113 美元，在亚洲国家和地区中排名第 4（仅次于中国澳门、新加坡和中国香港），全球排名第 22。国际上常用来衡量国家和地区社会发展程度、民众生活水平的人类发展指数（Human Development Index，HDI）[①]，日本为 0.915，亚洲排名第 3，全球排名第 19。

尽管国家富裕，但日本富裕人群税前收入占国民总收入比重并不高，整体收入结构呈现贫富差距小、基尼系数低的特征。联合国开发计划署对 HDI 按不平等程度调整后得出一个新数值，HDI 调整数越大，不平等程度越高。由图 1-3 可见，日本在基尼系数只有 0.329 的情况下，HDI 调整数远低于基尼系数同等水平的英国与德国，更远低于美国、中国和巴西；相对美国最富有 1% 人群税前收入占国民总收入比重超过 20%，日本

[①] 人类发展指数（HDI）是联合国开发计划署从 1990 年开始发布用以衡量各国社会经济发展程度的标准，指数值根据平均寿命、受教育年限（包括平均受教育年限和预期受教育年限）、人均国民总收入等指标计算，可在各国之间比较。评分范围是 0~1，发达国家都在 0.8 以上。

的这一数字只有 10.4%，与英国 11.7% 及德国 11.1% 的水平基本持平。

这构成日本医疗保障体系的重要底色——2019 年，尽管有超过 70% 的日本国民购买了商业健康保险，但在超过 44 兆 3,895 亿日元（折合人民币约 21,849 亿元）[①] 的国民医疗支出中，商业健康保险对医疗机构直接支付只占 3%。国家医疗资源主要通过行政部门和社会医保进行配置，商业健康保险在医疗保障体系中的影响力有限，其功能被局限在金融支付以及长期护理服务供给等方面。

基于日本社会医疗保险体系是商业健康保险发展最重要的制度背景，以下先对日本社会医保体系做简要介绍，再阐明日本商业健康保险的功能演变及趋势。

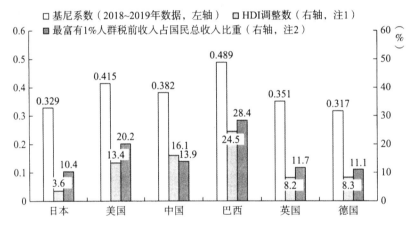

图 1-3　日本与部分国家的收入不平等程度对比

注 1：联合国开发计划署对人类发展指数（Human Development Index, HDI）按不平等程度调整后得出了一个新数值，新数值较旧数值减少的百分比代表了一个国家在健康、教育和收入上的不平等程度。这个 HDI 调整数越大，代表不平等程度越高。

注 2：该数据是一个国家最富有的 1% 人群的税前收入占该年度国民总收入的比重。

数据来源：世界银行；联合国开发计划署《人类发展报告》（2019 年）。

（一）日本的社会医疗保险体系

日本的社会医疗保险体系建立于 1955~1973 年日本经济高速发展时期。1958 年，日本国会通过新《国民健康保险法》（区别于 1938 年通过

---

① 汇率采用 2022 年 7 月的平均汇率，100 日元 =4.9222 元人民币，下同。

的旧《国民健康保险法》），该法沿用至今，和 1922 年通过的《健康保险法》共同构成了日本社会医疗保险体系的基本法律框架。20 世纪 50 年代，偏右翼的自由民主党和偏左翼的社会党竞争执政权，两党竞相提出实现社会保险全民覆盖的选举承诺，所以日本在 1961 年即实现了社会保险全民覆盖（"国民皆保险"）。当时，按职业领域受保的"员工保险"被保险人获得全额补偿、家属补偿 50%，按地域受保的"国民健康保险"被保险人和家属均补偿 50%。

20 世纪 60~70 年代是日本公民运动高涨的时代，偏左翼的政治家和政党崛起，1975 年甚至出现东京、大阪、京都、横滨、名古屋、川崎、神户 7 大都市市长均由左翼政党成员担任的现象。这一时期被称为"进步地方政府"时代，出现很多由地方长官主导的、增加福利供给、缩小各类人群之间保险待遇差距的尝试。其中一个典型例子是 1967~1979 年担任东京都知事的美浓部亮吉在东京都推行的"老人医疗免费"政策。这一时期，执政的自由民主党采取"折中政治"的方针，积极采纳广受好评的地方改革措施并将其推广到全国，以吸收并压制在野政党的诉求和主张。如 1968 年修法，将按地域受保的"国民健康保险"补偿比例提高到 70%。1973 年被称为"福祉元年"，即福利元年，标志着包括失业、养老、医疗保险和弱势群体救助等各方面的现代社会福利体系的全面完善。医疗方面，确立并完善了由财政补贴保险方的财政投入方式；70 岁以上老人获得全额补偿（1983 年由于《老人保健法》废止，调整为补偿 80%~90%）；创立为自费部分兜底的高额医疗费制度。至此，日本社会医保体系全面建设完成。

经济高速发展结合公民运动，使日本社会医保体系形成了高保障、重公平的显著特征。国民医疗费用中大部分由社会医保支付，患者自付费用仅为 10%~15%（见图 1-4）。日本社会医保旨在最大程度消除患者支付能力差异，使人人享有公平而条件优渥的医疗保障。运行数十年后，这已是日本颇为牢固的社会共识，无论是社会医保自身的调整变革，还是商业健康保险在社会医保之外的发展演变，都会受这一社会共识的影响和制约。

1. 日本社会医保的构成

日本的社会医保体系覆盖全体国民，按法律规定强制参加，但参加的保险板块有所不同。除对特定传染疾病、身心障碍、失能以及儿童患者

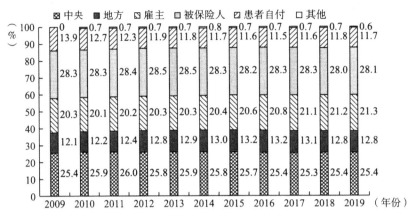

图1-4　2009~2019年日本国民医疗费的财源占比

数据来源：日本厚生労働省「国民医療費の概況」，2020。

等实行医疗救助性质的公费负担医疗之外，社会医保分为按职业受保的"员工保险"（"被用者保险"）和按地域受保的"国民健康保险"两大体系。员工保险包括针对公务员、邮政系统员工、私立学校员工、自卫队队员等及其家属的"互助协会保险"（"共济组合"）；大企业、行业协会等自办，委托社会运营的医疗保险；由社会组织"全国健康保险协会"负责经办的船员保险、小企业联合保险和日雇劳动者保险。国民健康保险又称"市町村国保"，是由市町村级地方政府负责运营的覆盖自由职业者、农林业从业者、失业及养老金领取者、退休者的公办医疗保险。此外，2008年由原国民健康保险系统（市町村国保）中分出了后期高龄者医疗制度，针对75岁以上老人，仍按地域受保，由都道府县①政府运营。国民根据自身雇佣状况、居住地点、家庭关系等参保，参加哪一类社会医保都有严格规定，不可自由选择。②

---

① 日本有47个都道府县，大致相当于中国的省级行政区。

② 社会医保障的对象以家庭为单位，对被保险人的覆盖包含其"被扶养人"在内。后者的定义为在同一家庭中生活、依靠该被保险人维持生计的人，如其父母、配偶、子女、孙辈、兄弟姐妹等，甚至可以包括去世的配偶的父母、具有事实婚姻关系的同居者等。被扶养人可以有收入，但其年收入必须低于被保险人年收入的一半，并且低于130万日元（约合人民币6.4万元）。被扶养人与作为"户主"的被保险人享受同等的保障待遇。被保险人名下无论有几名被扶养人，其保费费率都保持不变。

2018 年，日本员工保险覆盖人口约 7,752 万人（其中"被扶养人"约占一半），基金收入总额约 10 万亿日元（约合 4,922 亿元人民币），国民健康保险覆盖人口约 2,752 万人，基金收入总额约 9 万亿日元（约合 4,430 亿元人民币），后期高龄者医疗制度覆盖人口约 1,722 万人，基金收入总额约 15 万亿日元（约合 7,383 亿元人民币）（见表 1-2）。

表 1-2　日本社会医保的构成（2018 年）

类别（大类）	员工保险			国民健康保险	后期高龄者医疗制度
类别（细分）	协会健保	组合健保	互助协会健保	市町村国保	后期高龄者医疗制度
参保人员	小企业员工日雇劳动者船员及船主	大中企业员工	中央及地方公务员政府办特殊法人雇员邮政系统员工自卫队队员私立学校员工	自由职业者农业、林业从业者失业者退休人员养老金领取者（75 岁以下）	75 岁以上老人
覆盖人数（万人）	3,940	2,954	858	2,752	1,772
基金收入总额（亿日元）	55,425	36,824	10,674	90,957	150,576
在国民医疗费中占比	12.8%	8.5%	2.5%	21.0%	34.7%

数据来源：日本厚生劳动省「我が国の医療保険について」，2019；日本厚生劳动省「平成 29 年度国民医療費の概況」，2017。

表 1-3 比较了社会医保各板块的特征。员工保险中"协会健保"在 2008 年以前为厚生劳动省社会保险厅直接运营，2008 年后改由社会组织全国健康保险协会运营。全国健康保险协会在各都道府县设有分会，主要业务分地域管辖，因此负责日常运营的其实是 47 个分会。而"组合健保"和"互助协会健保"是由参保企业、行业协会和政府部门各自委托社会运营。市町村国保和后期高龄者医疗制度为地方政府直接运营，但前者基层政府（市町村一级政府）权责较重，后者主要归都道府县政府管理。因此这两种社会医保的运营者数量即为两级行政区划的数量（各

板块具体运营情况详见下文）。

员工保险的受保人只限于各行业的在职员工及其家属，故其覆盖人群的平均年龄较低，各类别均为 30~40 岁。市町村国保包括 75 岁以下退休人员，故覆盖人群平均年龄超过 50 岁。因此，市町村国保和后期高龄者医疗制度受保人人均医疗费用远高于员工保险，支付负担较重。

日本社会医保的主要资金来源之一是保费（约占五成），保费水平以被保险人的收入为基准。为方便计算，日本国民的月收入被分为 50 个等级，每个等级确定一个"标准月收入"，例如，目前的第 1 等级（最低等级）标准月收入为 5.8 万日元（约合人民币 2,854 元），第 50 等级（最高等级）的标准月收入为 139 万日元（约合人民币 6.8 万元）。保费的计算方式一般是标准月收入乘以费率。员工保险的保费费率由各保险经办组织决定，一律由雇主和雇员各负担一半。国民健康保险的月保费则由各都道府县决定，计算基准一般是家庭收入，同时家庭的固定资产（如在本地纳税的房产）价值也根据一定的公式计算在内。不同的市町村的费率有一定差异。由于市町村国保（见图 1-5）和后期高龄者医疗制度（见图 1-6）的支付负担重，故其保费费率也较高，而且需要较高比例的财政直接补贴。

表 1-3　日本社会医保各板块比较（2018）

类别（大类）	员工保险			国民健康保险	后期高龄者医疗制度
类别（细分）	协会健保	组合健保	互助协会健保	市町村国保	
运营者	全国健康保险协会	各健保组合	各互助协会	市町村级政府	都道府县政府（"後期高齡者医療广域连合"）
运营者数量（家）	1	1,391	85	1,716	47
覆盖人数（万人）	3,940	2,954	858	2,752	1,772
平均年龄	37.8 岁	35.1 岁	32.9 岁	53.3 岁	82.5 岁
人均医疗费（万日元）	18.1	16.0	15.9	36.8	94.2
人均收入（万日元）	156	222	245	88	86

续表

类别（大类）	员工保险			国民健康保险	后期高龄者医疗制度
类别（细分）	协会健保	组合健保	互助协会健保	市町村国保	
人均保费（万日元）	11.7	12.9	14.3	8.8	7.1
保费平均费率	7.5%	5.8%	5.8%	10.0%	8.3%
保费费率决定者	保险运营者			都道府县政府	都道府县政府
基金收入总额（含财政补贴）（亿日元）	55,425	36,824	10,674	90,957	150,576
财政补贴额度	约为支出的16.4%	根据各健保组合财务状况有少量补助	无	约为支出的50%，以及一定的保费减免	约为支出的50%，以及一定的保费减免

数据来源：日本厚生劳働省「我が国の医療保険について」，2019；日本厚生劳働省「国民医療費の概況」，2019。

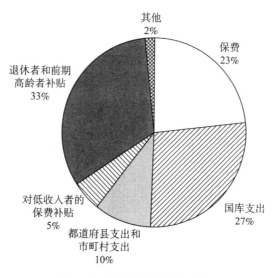

图 1-5　市町村国保收入结构

注：其中国库支出、都道府县支出和市町村支出，以及对低收入者的保费补贴等，均为政府直接补贴。退休者和前期高龄者补贴则是从其他险种调拨的资金。

数据来源：日本厚生劳働省「我が国の医療保険について」，2019；日本厚生劳働省「令和 2 年度の国保財政」，2020。

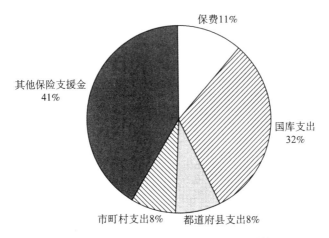

图 1-6 后期高龄者医疗制度的收入结构

数据来源：日本厚生労働省「我が国の医療保険について」，2019。

日本的医疗费用中流入医院的部分占比较高（见表 1-4）。医药分开，药费主要流入独立的药房。流入独立的长期照护机构的费用少于长期照护服务的总体花费，这是因为医院也提供一部分长护服务。从费用内部结构看，门诊和住院花费占比大体持平，药费占比较高，预防服务花费占比较高（见表 1-5）。

表 1-4 日本医疗费用各主要支出流向占比（2000~2018 年）

单位：%

年份	2000	2005	2010	2015	2016	2017	2018
医院	49.4	47.2	46.7	40.3	40.9	41.1	40.6
诊所	28.9	28.2	26.6	27.8	27.7	27.3	27.8
长期照护机构	2.9	3.6	3.8	8.5	8.6	8.8	9.0
药房	13.0	15.9	17.6	18.4	17.6	17.6	17.2

数据来源：OECD Statistics。

表 1-5 日本医疗费用内部结构（2000~2018 年）

单位：%

年份	2000	2005	2010	2015	2016	2017	2018
门诊	32.1	31.4	30.0	26.3	26.4	26.5	26.4

续表

年份	2000	2005	2010	2015	2016	2017	2018
住院	32.2	30.3	31.2	26.3	26.9	27.1	27.1
长期照护机构	8.2	9.8	9.2	18.3	18.6	18.4	18.7
辅助服务（检查、救护车等）	0.7	0.7	0.7	0.6	0.6	0.6	0.6
药品和医疗耐用品	19.4	21.0	21.6	21.3	20.2	19.9	19.5
预防服务	2.9	2.4	3.0	2.8	2.9	2.9	3.0

数据来源：OECD Statistics。

2. 日本社会医保的定点、给付和价格机制

根据厚生劳动省的数据，2019 年日本共有医院 8,300 家，诊所 102,616 家，病床共 1,620,097 张，牙科诊所 68,500 家，每千人病床数 12.8 张，居世界第一位。日本对医疗机构实行自由开业制度，原则上不限制各地区医院及诊所的数量。医疗服务供方以私立机构为主，私立医院占总数的 81.6%，私立诊所占总数的 96.1%。普通病床中私立医院和诊所病床数占总数的 56%。日本实行医保医师制度，医生在取得执照后，要向所在地的地方厚生劳动局（厚生劳动省的地方分支机构）申请社会医保定点资格，资格每 6 年更新一次。医疗机构的社会医保定点资格同样要向厚生劳动省申请获得，并接受厚生劳动省的监督。

社会医保对医疗机构按照统一定价进行支付，各个诊疗流程、药品、检查等，都有统一的支付标准，且各保险板块补偿待遇相同。支付标准采取法团主义色彩浓厚的协商模式，由中央社会医疗保险理事会（"中央社会保险医疗协议会"）在调查市场价格的基础上议定，每两年修订一次。该理事会由厚生劳动大臣组织，由供方代表 7 人、支付方（保险方与患者方）代表 7 人、第三方代表（主要来自学术界）6 人组成。该会商议形成"诊疗报酬点数表"，给予 5,500 余项医疗服务和 17,000 余种药品、700 余种耗材一定点数，点数对应报酬金额（10 日元 / 点，约合人民币 0.49 元 / 点）。点数分配每两年修订一次，向社会公布完整表格。

日本社会医保的支付范围很广，初级诊疗（全科医生）、二级诊疗（专科医生）、住院、处方药和牙科等都在支付之列。日本《药事法》批

准的药品几乎都能被收入社会医保目录（少量例外情况以及最新的尖端药物和疗法申请进入社会医保目录的流程与商业健康保险的发展空间有关，将于后文详述），社会医保甚至还能支付部分在其他国家基本不包括在公共健康保险体系中的替代疗法，如针灸、按摩和中草药等。

参保人有保障待遇差异，但差别不是来自参保板块的区别，而是年龄段差异。相同年龄段患者即便参与的社会医保分属不同板块，也享受完全一致的保障待遇。其中，对诊疗费用，6 岁以下儿童补偿 80%，6~69 岁居民补偿 70%，70~74 岁居民补偿 80%，75 岁及以上居民补偿 90%。门诊及住院药费全额补偿。异地就医的补偿比例也与本地一致。但符合厚生劳动省标准的高等级医院（主要包括大型教学医院及部分大型专科医院，其认定标准、认定流程和名单由厚生劳动省公示）的门诊需要转诊，或预约才能就诊，预约费用不在社会医保覆盖之列。可见，日本虽然没有"守门医生"制度，但仍对"大医院看小病"有一定限制。基层诊所以私立为主，形成了近似充分竞争的医疗服务市场。诊所主要依靠服务水平和口碑吸引并留住本社区的患者，客观上有助于形成分级诊疗格局。

日本的患者在诊疗发生时仅支付费用的自付部分。同时，医疗服务供方将该次诊疗及药品的报酬点数表提供给患者，并以此表向各地的审查支付机构（即"国民健康保险团体联合会"或"社会保险诊疗报酬支付基金"）申请支付。审查支付机构核查认定收费正当并符合规程后，通知保险方向供方支付医疗费用。此外，日本有"高额医疗费制度"，对每月医疗费用自付部分设封顶线，实施超额费用减免。高额医疗费制度的适用标准主要依据患者的收入水平而定，旨在防止自付医疗费用在患者可支配收入中占比过高的情况。此项制度是防止"因病致贫"的安全网，其具体运作方式及对商业保险的影响将在后文详述。日本医疗服务的标准化程度较高，虽然经济发展水平不同的地区医疗供给水平也存在差异，但总体而言，全国 47 个都道府县的人均医疗费用差距较小，经济最发达的东京都的人均医疗费用反而处于相对较低的水平（低于全国平均）。

日本在社会医保支付方面，从医疗价格到保单审核均受到政府管制，保险经办方的自由度十分有限，权力更多集中在政府部门和行业协会。厚生劳动省和各都道府县厚生劳动局及医师协会合作，由政府指定官员和协会推举的医生、牙医、药剂师和护士代表共同组成监察小组，每年对一部分医疗机构和医生的诊疗程序、内容和收费情况进行专门的监察。选择监察对象时会参考患者和医疗机构工作人员的举报等信息。监察会彻底调查报酬点数表和详细的医疗记录是否相符、约谈相关人员并要求被监察方正式答辩等。发现违规行为后的惩罚措施包括要求退还费用、取消该机构或医生的医保支付资格、吊销行医执照等。监察结果，包括被惩处的医疗机构、医生姓名、惩处原因和惩处内容都会公布在厚生劳动省的网站上。

3. 日本社会医保的经办

日本社会医保的监管机构是厚生劳动省的保险局。保险局根据《健康保险法》和《国民健康保险法》等法律，对社会医保各板块的运营进行监督，同时负责组织各种审议会等，就社会医保支付、医疗定价等问题进行协商。

目前，日本的社会医保分为政府直接经办和社会组织经办两种，按职业受保的员工保险主要由社会经办，按地域受保的市町村国保和后期高龄者医疗制度由政府经办。具体的经办模式及其中政府的角色可见表1-6。

2008年以前，能覆盖小企业雇员、日雇劳动者的保险和船员保险，都由厚生劳动省的外局社会保险厅直接经办，称为"政管健保"。这部分保险实施全国统一费率，且保费征收工作和同样归社会保险厅管辖的养老金一同进行。2008年，厚生劳动省对"政管健保"的经办实施了法人化改革，成立全国健康保险协会，专门负责这部分保险的经办。2009年，社会保险厅被撤销。此后，原"政管健保"的经办脱离政府，包括费率确定、保费征收、被保险人资格管理和保险给付在内的一切业务职能均实现完全独立。全国健康保险协会在47个都道府县各设分部，在分部设立由企业主、被保险人和专家学者代表组成的评议会监督运营。各分部得以根据本地参保人的收入水平和年龄构成等因素决定具体保费费率。而厚生劳动省则通过任命协会总部的运营委员会、理事长和监事，以及审核批准其预决算和业务报告，来实现对协会的监督。这项改革提高了这部分保险经办的自主性和专业化程度，使其向组合健保和互助协会健保的经办模式靠拢，更能因地、因对象制宜，适应各地参保企业的需要，经办效率得到提高，保险财务状况得到改善。

表 1-6 日本社会医保的经办

经办者	所经办保险	经办者简介	组织结构（管理层）	运作规程	与政府关系
全国健康保险协会	协会健保、船员保险、日雇者保险	2008年10月1日设立，接替此前由厚生劳动省社会保险厅直接运营的"政管健保"，是根据《健康保险法》修正案设立的公法人。	• 协会总部有理事长1人，理事不超过6人，监事2人。理事长和监事由厚生劳动大臣任命，但理事长的任命必须先咨询运营委员会。理事由理事长任命。 • 总部设立运营委员会以接受企业主和被保险人的意见，并指导协会的运营。运营委员会由9名成员（3名企业主代表，3名被保险人代表和3名学者代表）组成，由厚生劳动大臣任命。 • 各都道府县的分部设立由企业主、被保险人和学者代表组成的评议会，监督分部的工作。	• 协会在每个都道府县设有分部，负责该都道府县范围内的协会健保、船员保险、日雇者保险等运营。 • 由协会规定各都道府县各种保险的保费费率（费率上下限由《健康保险法》规定）。具体规程由各分部制定，经总部认可。	• 协会必须为每个财政年度准备一份预算和业务计划，并在年度开始之前获得厚生劳动大臣的批准。此外，协会必须每年准备财务报表，与业务报告、决算报告一起，附上监事和会计审计师的意见，在决算完成后两个月内提交给厚生劳动大臣，并得到批准。 • 协会贷款需要得到厚生劳动大臣的认可，贷款可以由政府承担。 • 协会的行政费用完全由国库承担。

续表

经办者	所经办保险	经办者简介	组织结构（管理层）	运作规程	与政府关系
各健保组合	单一型	大公司单独设立，被保险人要在700人以上。	• 由参保企业申请成立，决策机关是参保企业选出的组合会。设理事会和监事，负责日常运营。 • 所有健保组合组成"全国健康保险组合联合会"（简称"健保联"），并缴纳会费。健保联可以组织调研、促进健保组合间的合作，以及必要时对财务困难人健保组合提供一定援助。	• 各健保组合自行决定保费费率（费率上下限由《健康保险法》规定）。 • 各健保组合可在指定医疗机构若干项目提供附加给付（即增加给付比例），也可以对若干项目提供高给付（即提高给付额度），具体项目包括生产补贴、育儿补贴、误工费、丧葬费、高额医疗费等。但不能提供社会医保目录外的额外的给付项目。	• 各健保组合必须在每个财政年度开始前向厚生劳动大臣提交预算，并在每年度结束后6个月内提交财务报告。只有关系健保组合存亡的重要财务改变需要报厚生劳动大臣批准。 • 厚生劳动大臣有权对出现财务危机的健保组合进行干预，决定实施财务改善计划，监督其改善。 • 直接监督机构是厚生劳动省的地方分支机构，即各地方厚生局，各健保组合所在地方向厚生局提交上月业务报告。 • 各健保组合的行政经费用完全由国库承担。
	总合型	同行业多家企业共同建立，被保险人要在3000人以上。			
	地域型	同一都道府县内的健保组合合并而成，同一都道府县内可以有多个。2006年《健康保险法》修订后新设，目的是整合运营陷入财务困境、难以继续运营的是小健保组合。			
各互助协会	国家公务员保险	根据《国家公务员共济组合法》成立。	由机关主官从该机关受保人中选任10人组成运营审议会，审议协会运营的重大事项。	保费由财政支出	受财务大臣监管
	地方公务员保险	根据《地方公务员等共济组合法》成立。其中包括公立学校的协会。	由机关主官从该机关受保人中选任16人组成运营审议会，审议协会运营的重大事项；选任20-30人组成理事会，并从组合会中选出理事会负责日常运营。		

25

续表

经办者	所经办保险	经办者简介	组织结构（管理层）	运作规程	与政府关系
各互助协会	私立学校保险	根据《私立学校教职员共济组合法》成立。	由文部科学大臣从受保人和受保学校代表中选任21人组成共济运营委员会，审议协会运营的重大事项。	保费费率由运营方决定。	受文部科学大臣监管
市町村级政府	市町村国保	政府部门	由同等数量的被保险人代表、供方（医生、药剂师）代表和公益代表组成国民健康保险运营协议会，监督市町村国保的运营。	由都道府县负责财务管理与协调，设定标准保费率，监督保险给付并进行必要的事后调整。市町村负责具体保费率决定、保费征收、保险给付、受保人资格管理等事务。	政府部门
都道府县政府	后期高龄者医疗制度	政府部门	由被保险人代表、运营方代表和公益代表医疗审查会，各3人组成后期高龄者医疗保险运营、监督保险运营、裁决争议。	由都道府县设立"后期高龄者医疗广域连合"运营该都道府县此项保险。市町村一级政府负责处理保费征收、资格申请等窗口操作。每个都道府县设定统一保费率。	政府部门

资料来源：作者根据相关法规整理。

而对一直由地方政府经办、按地域受保的社会保险计划来说，资金统筹层次较低是一个问题。这部分保险计划因为主要吸收退休人员参保，受老龄化影响最大；且因各地人口结构、抚养比有较大差异，存在同一都道府县内参保人负担不同、苦乐不均的现象。同样在 2008 年，后期高龄者医疗制度从市町村国保中分出，由都道府县直接运营，目的也是提高经办效率，以便更有针对性地加强对老年人的医疗控费。而其后为了提高市町村国保的抗风险能力，自 2015 年又充实了都道府县政府的职能，使其可以统筹协调所辖各市町村保险计划的资金。未来进一步强化都道府县的作用全面接管保险经办，让市町村一级政府仅保留服务窗口功能，也是一个可能的政策走向。

对于经办组织的效率，学界也有争议，但从政府、学界到民间，都从来没有将引入商业保险公司参与经办作为一个选项。

4. 日本社会医保的"穿底"风险与防范机制

日本社会医保体系自 1973 年建设完成之后一直较为稳定地运行，但随着老龄少子化的加深，退休人口不断增多，负责吸收退休者的市町村国保的资金压力也不断加重。日本政府从员工保险中调配资金支持市町村国保，支援的资金量持续增加。然而，日本自 20 世纪 90 年代以来陷入长期的经济增长放缓乃至停滞，企业裁员导致员工保险的参保人数减少。例如，1993~2002 年，覆盖大企业的组合健保的参保人数减少了约 70 万人。失业者流入市町村国保，进一步使其财务状况恶化。组合健保参保人数减少的同时，作为保费征收基准的企业员工的收入增长缓慢，共同导致员工保险的保费收入减少。在收入减少、向市町村国保的支援金额却增加的情况下，员工保险的财务状况也面临危机。20 世纪 90 年代中期开始，社会医保的各个板块都开始出现赤字。

面对财务危机，日本政府的应对方式包括开源、分流、效率改进三个方面。

第一，日本政府在 1989 年开征 3% 的消费税，1997 年提高到 5%（国家 4%，地方 1%），2014 年提高到 8%（国家 6.3%，地方 1.7%），2019 年 10 月 1 日起，再把除食品饮料和报纸等之外的其他消费品的消费税税率提高到 10%（国家 7.8%，地方 2.2%）。税款主要用来填补包括医疗在内的各项福利支出。

第二，2000 年开始建立了长期护理保险制度，一方面可增加筹资，另一方面可减轻家庭护理负担、解放照料老人的劳动力（主要是妇女）。此举使得护理费用和医疗费用分开筹资、分开支付，明确了医疗和护理服务的分界，从而可提高医疗和护理资源的利用效率。长期护理保险由市町村一级政府运营，财源 50% 来自财政补贴，50% 来自保费。保费向所有 40 岁以上的国民征收，但除患有特定疾病者外，大部分国民要到 65 岁之后才能申请对护理服务的保险支付。需要护理服务的被保险人（或家属）先向保险方提出申请，由医生或医疗机构出具意见，再经保险方调查，认定所需的护理等级。护理等级共 7 个，根据申请人的生理、认知等各方面的能力和需要，列有对应的护理服务内容，如食物、清洁、排泄、洗浴、理疗、特殊护理等。之后申请人可根据等级自由选择服务提供方，签订契约，开始接受服务，同时供方即可以从保险方获得相应的给付。对服务提供方的选择很灵活，包括各种形式的机构护理和居家护理（如入户访问、日间护理、短期和长期入住疗养机构等），以及购买或租借护理用品、必要的住宅改造等，保险都会予以给付。护理机构如向护理对象提供必要的医疗服务，则需另向社会医疗保险方申请支付。

第三，2008 年建立后期高龄者医疗制度，将 75 岁以上的"后期高龄者"从市町村国保中独立出来，提高统筹层次，由各都道府县直接征收保费和运营。后期高龄者医疗制度接受的直接财政补贴比例被提高到50%，其从其他板块调配的支援资金则经过厚生劳动省统筹，把负担分配到财政状况较好的保险计划上。

第四，在效率改进方面，日本从 2003 年开始在社会医疗保险的住院支付中引入 DPC 打包支付方式[①]，从 82 家大型教学医院开始试点，对其余医院在自愿的基础上逐步推开。到 2018 年 4 月 1 日，已有 1,730 家医院接受这种支付方式，急性医疗病床数约 49 万张，约占普通病床总数的

---

① DPC（Diagnosis Procedure Combination）由厚生劳动省基于源自美国的 Diagnosis Related Groups 支付制度设计，以住院患者的诊断、手术或其他处置、年龄、性别、并发症有无等因素，将住院患者分为不同的群组，采用事先制定给付价格的方式予以支付。

83%。厚生劳动省制作的疾病诊疗路径分组 DPC，也从 2003 年的 1,860
组增加到 2018 年的 4,296 组，归入 2,462 个预先确定的每日住院支付标
准中。同一组的每日诊疗费用相同。医院获得的社会医疗保险给付额由
每日诊疗费用乘以住院天数而定。同时，DPC 支付方式设计了奖励制度，
激励医院减少住院天数、提升医疗资源利用效率。在一个患者住院天数
小于该 DPC 组的平均住院天数的四分之一时，每天的诊疗报酬点数增加
15%；相反，如果一个患者的住院天数超过该 DPC 组的平均住院天数，
对其增加的天数，诊疗报酬点数将减少 15%。此外，为防止医院拆分住
院次数，厚生劳动省规定 7 天内因同一疾病①再次住院者，与之前的住院
合并为一次。

　　总体而言，日本社会医保的风险管控机制是财政补贴与中央调控相
结合。社会医保采取现收现付制，被保险人（及其雇主）缴纳的保费是
主要的资金来源，赤字部分由财政补贴。因保费的费率依被保险人的收
入而定，医疗费用则由需求而定，故各个保险计划的财务状况受到被保
险人的收入及年龄结构影响，财政因此采取不同的补贴标准。如表 1-3
所示，由大企业委托社会运营的"组合健保"多数都不接受补贴，中央
及地方公务员的"互助协会"除财政支出保费外，也不接受对保险计划
资金池的补贴。而市町村国保和后期高龄者医疗制度接受的直接财政补
贴平均达到其支出的 50%，经济较不发达地区的市町村国保接受补贴的
比例更可能高达 80%。

　　中央调控方面，首先，因为国民退休后普遍从员工保险转入市町村
国保，故市町村国保的参保人平均年龄和人均医疗费用远高于员工保险。
厚生劳动省通过被称为"交付金"的补贴模式，从员工保险中抽取固定
数额的保费补贴市町村国保，此类项目有"退休者补贴"和"前期高龄
者（即 65~74 岁的老人）补贴"等。其次，如前所述，包括员工保险和
市町村国保在内的所有社会医疗保险计划，都要将保费的固定部分用于
支援后期高龄者医疗制度的资金池，这部分"支援金"约占后期高龄者

---

① 包括再次住院的契机是同一疾病或再次住院后诊疗投入最多医疗资源的原因是同一疾
　病的情况。

医疗制度总支出的 40%。加上达到总支出 50% 的直接财政补贴，则后期高龄者医疗制度 90% 以上的资金来自外部。尽管仍向参保的老年人征收保费，但这部分收入只占约 10%，可以说象征意义大于实际意义。不过，尽管有厚生劳动省主导的资金调控，日本尚未如德国一样，对社会医疗保险金有全国性的统筹和统一的分配公式。

尽管有财政补贴兜底，日本的各保险计划仍各自负有在现有分配机制下保持收支平衡、提高资金使用效率的责任，这也是政府对各保险运营方实施监管的主要目标。总体而言，日本社会医保的资金压力主要来自人口老龄化的影响。政府主要靠提高税收来维持福利水平、开拓财源，未来日本社会医保的财政补贴比例有进一步提高的可能。

（二）日本商业健康保险市场定位

日本社会医保体系在 1961 年就覆盖全民，日本商业健康保险在 40 年后才开始起步发展。

20 世纪 90 年代以前，日本保险业受到严格管制。当时的监管部门大藏省兼具财政部门和金融规划、监管部门的功能，对日本国内保险业实行保护政策，旨在用严格的管制来维护行业的稳定性。人寿保险（"生命保险"）公司与财产保险（"损害保险"）公司在提供人寿、养老、财产、灾害保险等产品时，都受到诸多限制。虽然人寿保险公司早有增加涉及医疗方面附属条款的尝试，也有个别中小保险公司提交的单个健康类保险产品获得当时的大藏省批准，但总体而言，日本不允许国内的保险公司自由提供单独的医疗保险或储蓄险性质的重疾险等产品。只有外国保险公司可以直接提供医疗保险或重疾险，但通常限于非常小的细分市场，如针对在日的跨国企业员工等。1995 年日本《保险业法》改革，全面放松对保险业的管制，促进市场竞争，以增加本国保险公司对外国保险公司的竞争力。经过与美国的艰难谈判，2001 年开始，日本全面开放寿险与产险公司经营医疗健康类保险（见表 1-7），从此商业健康保险正式起步。

在商业健康保险起步的这一时期，日本社会医保制度已经形成稳固而优渥的保障体系，使得商业健康保险能够拓展的市场极为有限。从一般功能上看，商业健康保险的作用主要是"补足"社会医保中患者自付部分（cost sharing），以及"补充"社会医保不覆盖的其他服务，同时针对癌症等重特大疾病提供储蓄险性质的重疾险。与其他社会医保国家不同，日本对社会医保参保人使用非医保项目或药品有极其严格的管控，一般情况下，患者只能使用目录内项目和药品，目录外项目和药品不允许同时使用，否则视为放弃医保补偿。商保对受保人的补偿因此与社保目录脱钩，不强调产品的"补足"或"补充"性质，而是以现金形式直接赔付，减轻受保人患病时的费用负担。

表 1-7　日本商业健康保险的经营限制变化情况

	公司类型	2000 年 12 月以前	2001 年 1~6 月	2001 年 7 月以后
人寿保险公司	日本国内主要人寿保险公司	x	o	o
人寿保险公司	个别日本国内中小保险公司、外国公司	o	o	o
	财产保险公司的寿险子公司	x	o	o
财产保险公司	财产保险公司	x	x	o
	人寿保险公司的财险子公司	x	x	o

注："x"表示不能经营，"o"表示允许或有限允许经营。
资料来源：宫地朋果「医療保険をめぐる商品開発の動向」堀田一吉編『民間医療保険の戦略と課題』劲草書房，2006。

日本社会医保的优渥保障客观挤压了对商业健康保险的需求，商保想保有吸引力，除了要能作为金融产品提供良好的风险保障外，还要能更多地覆盖社会医保不能覆盖的项目和药品，特别是社会医保尚未纳入的先进技术、前沿药品等。此外，由于日本不允许参保患者使用社会医保外项目及药品，这意味着患者选择目录外服务就要接受全部自费，相应设计的产品必然面临筹资额高、潜在购买意愿人群少等客观约束。社会医保每一次目录扩容，都意味着商保覆盖范畴的相对缩小及竞争力减弱；反过来，社会医保目录更新的延缓和迟滞，也会为商保产品开发和市场开拓带来机会。

就日本社会医保而言，明显存在保障"缝隙"的是两个方面。一是人口老龄化带来的基金可持续压力。日本人口老龄化问题在 20 世纪 80 年代即初现端倪，1980 年 65 岁以上人口占总人口的 9.1%，1990 年达到 12%。2019 年，日本 65 岁以上老人占总人口比重为 27.7%，花费的医疗费用则达到全国医疗费用的 61%（见表 1-8），而社会医保体系在过去几十年中一再提高面向老年群体的保障待遇，客观形成年轻一代的供养压力，且未来社保体系难以支撑目前待遇水平已是清晰可见的事实。如何填补这一"缺口"，成为日本社会医保未来改革的悬念，也是日本商业健康保险未来的发展机会。二是技术进步带来的费用压力。已经负荷较重的日本社会医保体系难以紧跟尖端技术的脚步，不能充分满足国民对新药、新技术的需求。1981 年后，日本前几位死亡原因就已是癌症、心脑血管疾病等慢性病（见图 1-7），这些慢性病治疗过程复杂、耗时长、花费高，且更加依赖新药、新技术以治病和救命。社会医保是否将前沿技术、药品、服务等纳入保障目录，或是以怎样的速度将其纳入，都影响到商业健康保险的功能与市场拓展。

表 1-8　2019 年日本各年龄段国民医疗费占比

年龄段	医疗费占比	年龄段（细分）	医疗费占比	人均医疗费（千日元）
65 岁以下	39.0%	0~4 岁	2.7%	248.7
		5~9 岁	1.6%	140.0
		10~14 岁	1.4%	112.4
		15~19 岁	1.2%	89.1
		20~24 岁	1.2%	86.2
		25~29 岁	1.6%	112.3
		30~34 岁	2.0%	133.1
		35~39 岁	2.5%	146.8
		40~44 岁	3.3%	165.9
		45~49 岁	4.4%	199.8

续表

年龄段	医疗费占比	年龄段（细分）	医疗费占比	人均医疗费（千日元）
		50~54 岁	4.9%	253.0
65 岁以下	39.0%	55~59 岁	4.6%	319.9
		60~64 岁	6.8%	400.5
		65~69 岁	9.8%	501.5
		70~74 岁	12.4%	631.9
		75~79 岁	12.9%	789.7
65 岁以上	61.0%	80~84 岁	11.3%	939.5
		85~89 岁	8.6%	1,061.2
		90 岁以上	6.0%	1,247.5

数据来源：日本厚生劳働省「国民医療費の概況」，2019。

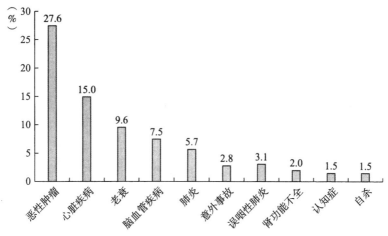

图 1-7　2020 年日本主要死亡原因占比（部分）

数据来源：日本厚生劳働省「2020 人口動態統計月報年計（概数）の概况」，第 6 表，2021。

二　日本商业健康保险发展现状

2020 年，日本的保险深度（保费收入／国内生产总值）为 7.1%，保险密度（保费收入／总人口）为 2,890 美元／人（约合人民币 19,457 元／人）。图 1-8 反映了 2010~2020 年日本保险密度和保险深度的变化。11

年间日本的这两个数据有一定波动，但总体保持在一个稳定的高水平。但与其他发达国家相比，日本的保险业在国民经济中的地位不算突出。图 1-9 反映了 2020 年部分国家的保险密度和保险深度。

图 1-8　2010~2020 年日本保险密度和保险深度

数据来源：OECD Statistics。

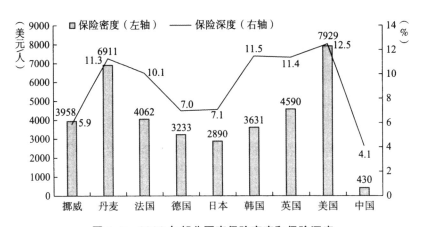

· 图 1-9　2020 年部分国家保险密度和保险深度

数据来源：OECD Statistics（中国数据来自中华人民共和国银保监会）。

2020 年，日本人寿保险业的现存保单金额为 815 兆 7,630 亿日元（约合 40.135 万亿元人民币），新增保单金额为 44 兆 1,290 亿日元（约合 2.172 万亿元人民币），其中包括储蓄险性质的重疾险和当期现收现付的医疗险等"健康类"保单金额约 7.12 兆日元（约合 3,505 亿元人民币）。2020 年日本人寿保险业的现存保单年换算保费为 27 兆 9,649 亿日元（约合 1.377 万亿元人民币），其中健康险 7 兆 342 亿日元（约合 3,462 亿元人民币）。2020 年，日本健康类保险年赔付额为 3 兆 9,892 亿日元（约合 1,964 亿元人民币）。现存保单金额主要体现死亡保险金的规模，是说明传统人寿保险业市场规模的主要指标。但在过去十年中，日本人寿保险业保单金额增速放缓，而保费收入增速坚挺，反映出不含（或只含少量）死亡保险金的健康类保险在人寿保险业市场中占据日益重要的地位。

前述医疗总费用中商保支付占比约 3%，按 2018 年的数据即约 1 兆 3,317 亿日元（约合 635 亿元人民币），主要指的是商业健康保险中医疗险对医疗机构的直接赔付。与商业健康保险中医疗险的年赔付总规模相比，这部分赔付显然占比甚少。商业医疗险对当期医疗费用赔付多以现金形式给到受保人，而不介入受保人与医疗机构间的费用结算。换言之，由于商业健康保险与医疗机构间几乎不存在直接交易，商业健康保险在医疗资源配置方面不具有直接影响，更无法承担为受保人控费或提质的功能。这是日本商业健康保险与其他发达国家和地区商业健康保险的显著差别。

（一）日本商业健康保险的经营主体与市场结构

1. 保险公司

按照日本现行《保险业法》，包括医疗保险、重疾险、护理保险等在内的"健康类"保险，人寿保险公司和财产保险公司均可经营。实践中，健康类保险是人寿保险公司的一大类重要业务，在财产保险公司中则相对边缘。根据日本内阁府金融厅的牌照发放资料，目前日本的人寿保险公司（包括财产保险公司的人寿保险子公司）共 42 家，其中外资公司 14 家，日资公司 28 家（均为民企，日本险企无国企）。日资公司中，财产保险公司旗下的人寿保险子公司 4 家。另有获准在日本开展业务的外国保险公司 1 家（全部 42 家公司名单见附录 2 中的附表 4）。此外，有日本财产保险公司 32 家，获准在日本开展业务的外国财产保险公司 20 家、持有特别牌照的公司 1 家。根据财产保险行业协会公布的数据，销售健康类保险的财产保险公司共 18 家。

由于财产保险公司所销售的健康险无论产品种类、数量还是市场份额都很小，人寿保险公司是经营健康险的主体。除作为外国保险公司的瑞士 Zurich Insurance Group Ltd. 之外，日本人寿保险公司的基本市场格局如图 1-10 所示。

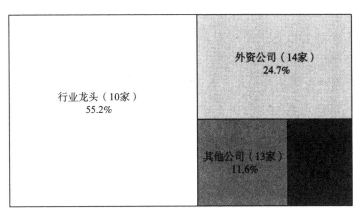

图 1-10　日本人寿保险公司市场格局（2018 年）

数据来源：根据各保险公司 2018 年年度报告整理计算。

根据 2018 年的数据[①]，日本人寿保险业的行业龙头日本邮政简保人寿保险公司（"株式会社かんぽ生命保険"）、日本人寿保险公司（"日本生命保険相互会社"）、第一人寿保险公司（"第一生命保険株式会社"）、住友人寿保险公司（"住友生命保険相互会社"）、明治安田人寿保险公司（"明治安田生命保険相互会社"）、大树人寿保险公司（"大樹生命保険株式会社"）、太阳人寿保险公司（"太陽生命保険株式会社"）、大同人寿保险公司（"大同生命保険株式会社"）、富国人寿保险公司（"富国生命保険相互会社"）、朝日人寿保险公司（"朝日生命保険相互会社"）10 家公司的总保费收入占全行业的 55.2%，总资产占全行业的 73.2%。外资保险公司的总保费收入占全行业的 24.7%，总资产占全行业的 14.1%。财产保险公司下属的人寿保险子公司总保费收入占全行业的 8.5%，总资产占全行业的 5.5%。这是包括健康类保险在内的人寿保险业总体的市场格局。

---

① 数据为作者通过各公司公开报告整理计算而来，为统计完全，选用了 2018 年的数据，与 2022 年的公司数目不一致。但新增的公司并未影响基本市场格局。

"健康险"不存在单独的牌照管制。任何具有合法资质的保险公司都可以开展这项业务。日本的人寿保险公司多拥有较长的历史，少数日资公司自身或其前身可追溯到二战之前，外资公司也有部分在二战后初期即成立。伴随《保险业法》的改革，20 世纪 90 年代和 21 世纪头 10 年是保险公司改组、兼并以及新保险公司成立的两个高峰期。最近十年来，日本的人寿保险公司很少发生变动，新成立的公司只有花开人寿保险公司（"はなさく生命保険株式会社"）和七色人寿保险公司（"なないろ生命保険株式会社"）两家，分别成立于 2018 年和 2021 年。这两家公司的规模远小于行业龙头企业，尚不足以撼动现有的市场格局。

如表 1-9 所示，在人寿保险公司经营的业务中，"健康类"保险产品被归入"第三分类"，与"第一分类"的人寿、养老等保险产品既有区别又紧密联系，经常在产品开发和销售上互相配合，甚至互为附属合约，形成一种"你中有我、我中有你"的局面。因此，保险行业在进行统计时，通常不会将其区分为两大类，而是统一收集数据，对保单量、保费额、给付额等指标根据其各自的特点分别予以细化。例如，保单量统计各种不同产品的保单数量；保费额计算"年换算保费"[①]；给付额则区分生前给付的住院给付、手术给付和死后给付的死亡保险金等。从这些统计资料中和商业健康保险产品有关的部分，可以看出商业健康保险的经营规模和市场结构。

表 1-9　日本保险业概念分类

分类	人寿保险公司经营	财产保险公司经营
第一分类	人寿保险、养老保险、定期保险、收入保障保险、个人年金保险	
第二分类		火灾保险、汽车保险、财产保险、海上保险
第三分类	医疗保险、癌症保险、特定疾病保险（重疾险）、护理保险、就业不能伤残保险	医疗保险、癌症保险、护理保险

资料来源：作者整理。

---

① 年换算保费，是指在假设投保人在整个合同期内按年平均缴费的情况下，保险公司以一年为期，所收到的保费额。因为保费的缴纳方法有按月缴纳，也有按年缴纳或一次性全额缴纳，该指标针对这些差异进行调整，计算出保险公司每年度能收到的保费额。

就保单量而言，健康险保单量在人寿保险保单量中约占 1/3，是人寿保险产品的重要组成部分。根据人寿保险公司的行业组织"一般社团法人生命保险协会"（"一般社団法人生命保険協会"）公布的资料，2020 年日本人寿保险业的现存保单量为 19,024 万件，其中医疗保险 4,180 万件，占 22%，癌症保险 2,527 万件，占 13.3%。同年新增个人保单共 1,135 万件，其中医疗保险保单 319 万件，癌症保险保单 134 万件，分别占新增个人保单量的 28.1% 和 11.8%。从图 1-11 可以看出，2016~2020 年，医疗保险和癌症保险的保单总量总体稳步上升；从日本五次全国调查对"过去 5 年新增保单"中部分健康类保险的占比情况可以看出，医疗保险在新增保单中占比上升明显（见图 1-12）。

就保费额而言，健康险的年换算保费在人寿保险业中的占比从 2016 年的约 22% 上升至 2020 年的约 25.2%。2020 年日本人寿保险业的现存保单年换算保费为 27 兆 9,649 亿日元（约合 1.3765 万亿元人民币），其中健康险 7 兆 342 亿日元（约合 3462 亿元人民币），占 25.2%。新增保单年换算保费为 1 兆 5,944 亿日元（约合 785 亿元人民币），其中健康险 4,829 亿日元（约合 238 亿元人民币），占 30.3%。从图 1-13 可以看出，2016~2020 年，健康险的保费收入总量不断上升，但年新增保单的保费收入先升后降，2019 年和 2020 年连续两年下降。

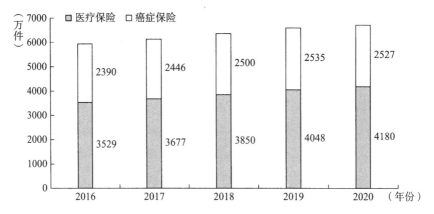

图 1-11　2016~2020 年医疗保险和癌症保险的现存保单量

数据来源：日本生命保险协会「生命保険の動向」图表 4、图表 15，2021。

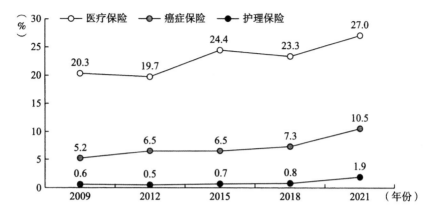

图 1-12　日本五次全国调查中"过去 5 年新增保单"中部分健康类保险所占比重

注：这里引用的全国调查是由独立研究与服务机构人寿保险文化中心（"生命保険文化センター"）组织的，每三年开展一次，在全日本 400 余个地点，以家庭（家庭成员 2 人以上）为单位进行抽样调查，有效问卷回收数约在 4000 份左右。

数据来源：日本生命保険文化センター「令和 2 年度生命保険に関する　全国実態調査」図表 1-64，2020。

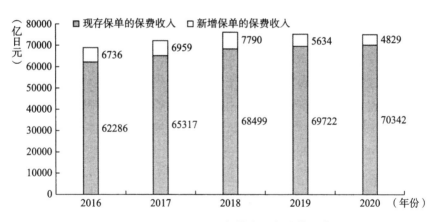

图 1-13　2016~2020 年健康险年换算保费

数据来源：日本生命保険协会「生命保険の動向」図表 13，2021。

　　就保险给付额而言，2020 年日本人寿保险公司的总给付额为 30 兆 1,386 亿日元（约合 1.484 万亿元人民币），其中死亡给付、到期给付等一次性支付的保险金为 9 兆 3,445 亿日元（约合 4,600 亿元人民币），占人寿保险业总给付支出的 31%；而包括住院、手术给付等的保险给付为 3 兆 9,892 亿日元（约合 1,964 亿元人民币），占比 13.2%。可见医疗费用方面的保险赔付仅为人寿保险公司支出的一个相对较小的部分。但由于健康类保险合同中同样可能包含死亡保险金等，因此不能简单地按照年换算保费收入和保险给付金支出来评估健康类保险的收支情况以及盈利空间。2020 年日本人寿保险业给付支出分配结构见图 1–14。

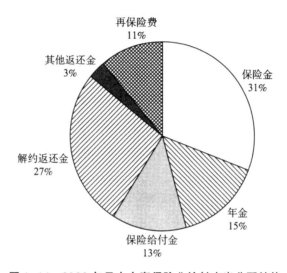

图 1–14　2020 年日本人寿保险业给付支出分配结构

数据来源：日本生命保险协会「生命保険の動向」图表 37，2021。

从图 1–15 和图 1–16 可以看出，2016~2020 年，总的保险给付额有起伏，而住院和手术给付件数和金额总体上升，2020 年才有所下降（可能是受到疫情影响）。住院给付和手术给付是医疗保险最常见的对当期医疗费用的赔付类型，其重要性的上升，可能反映了购买医疗保险并索赔的消费者人数上升，与上述医疗保险保单量的稳步上升正相呼应。

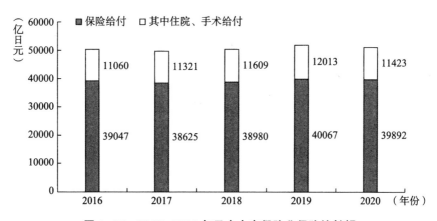

图 1-15　2016~2020 年日本人寿保险业保险给付额

数据来源：日本生命保险协会「生命保険の動向」图表 37，2021。

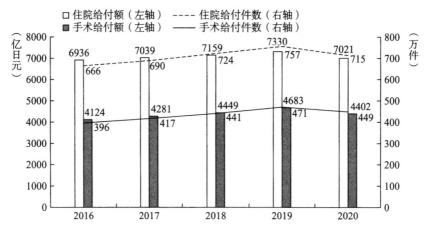

图 1-16　2016~2020 年日本人寿保险业住院、手术给付额和给付件数

数据来源：日本生命保险协会「生命保険の動向」图表 39，2021。

2. 小额短期保险业

除普通保险公司外，日本还有一种小型保险经营者，专门经营保险期限在 1 年内（产险领域产品最长可达 2 年）、保险金在 1000 万日元（约合 49 万元人民币）以下的"小额短期保险"（"少額短期保険"）。日本的小额短期保险产品如表 1-10 所示。

表 1-10　日本的小额短期保险产品

产品类型	保险金限额
1. 死亡保险（人寿保险）	300 万日元（约合人民币 15 万元）以下
2. 医疗保险	**80 万日元（约合人民币 4 万元）以下**
3. 疾病等造成重度残障保险	300 万日元（约合人民币 15 万元）以下
4. 特定伤害造成重度残障保险	**600 万日元（约合人民币 30 万元）以下**
5. 伤害死亡保险	300 万日元（约合人民币 15 万元）以下
6. 财产保险	**1000 万日元（约合人民币 49 万元）以下**
7. 低发生率保险 （财产保险中的特定事故保险）	1000 万日元（约合人民币 49 万元）以下

资料来源：一般社团法人日本少额短期保险协会。

日本的小额短期保险制度建立于 2005 年，旨在将地方性、社区性的非营利组织经营的小额、短期互助保险纳入《保险业法》的管辖范围，核发专门牌照，规范其经营、保护保单持有人的权益。据其行业协会统计，目前日本的小额短期保险业经营者共 103 家，主要为地方性小企业，或普通保险公司的子公司。统一牌照、正规化经营后，小额短期保险的特色与优势在于提供普通保险公司不能覆盖的特殊保险，如临时性的、灵活的财产保障及宠物保险等。小额短期医疗保险是提供最低限度保障的一年期保险（可续约），或专门针对某狭窄范围（如牙科）的保险，一般不是小额短期保险公司的经营重点。小额短期保险的总体市场占有率很低，根据 2018 年的一项调查，购买小额短期保险的人仅占 10,350 名被调查者的 1.5%。监管部门对小额短期保险业的监管与普通保险公司有若干不同，将在后文详述。

（二）日本商业健康保险的产品类型

日本是人寿保险大国，有超过八成的家庭购买过人寿保险或相关产品。由于日本商业健康保险主要由人寿保险公司销售，消费者经常将其与人寿保险产品搭配购买。商业健康保险的销售情况很少被单独统计，但通过对人寿保险公司客户的调查，可以在很大程度上反映商业健康保险各种产品的市场占有率。由财产保险公司销售的商业健康保险产品和人寿保险公司销售的商业健康保险产品内容分类相同，在此不予单独介绍。

日本现有的商业健康保险产品，根据侧重点不同，可以从四个角度进行分类介绍：按保障范围分、按受保条件分、按期限分、按合约类型分。日本商业健康保险产品的分类可见图 1-17。

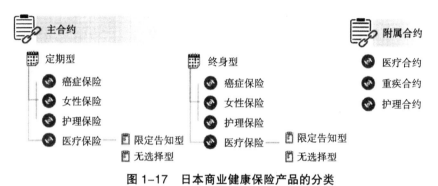

图 1-17 日本商业健康保险产品的分类

（1）按保障范围分类（储蓄型重疾险、医疗保险、癌症保险、女性保险和长期护理保险，产品举例见附录 2 中的附表 5）

·重疾险

重疾险在日本一般叫作"特定疾病保险"，主要针对癌症、心脏病（如急性心肌梗死）和中风三大疾病，受保人一旦进入合同规定的状况（如确诊或住院），就可以获得一次性现金赔付。获得赔付之后，合同终止。如果受保人在未患合同规定的特定疾病的情况下死亡，则获得死亡赔偿金。这类重疾险可以理解为添加了对特定疾病的保障的人寿保险。图 1-18 是人寿保险公司客户购买重疾险的情况。

日本的重疾险产品一般只针对上述三大疾病，理赔条件比较宽松，通常在正式确诊后即可获得一次性现金赔付，且没有分级赔付的体系，即无论病情轻重都可获得赔付。例如，患者患急性心肌梗死或中风后产生后遗症，或者接受了治疗这两种疾病的手术，都可以得到赔付。

此外，日本保险公司也有针对"重度慢性疾病"的重疾险。例如，住友人寿的重度慢性疾病保险包括高血压、糖尿病、肾衰竭、肝硬化、慢性胰腺炎五种疾病。太阳人寿有一种重疾－残障保险，针对呼吸系统疾病、肝病、肾病、血液病、人工肛门造设等 11 种疾病造成的 "残障"
状态支付一次性现金赔付。这类重疾险的理赔方式与三大疾病保险相似，
条件也比较宽松、简单。

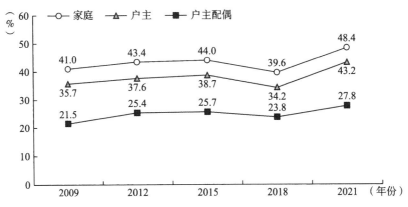

**图 1-18　五次日本全国调查中所见人寿保险
购买者同时购买重疾险（或重疾附属合约）的比例**

数据来源：日本生命保険文化センター「令和 2 年度生命保険に関する　全国
実態調査」図表 1-40，2020。

·医疗保险

医疗保险主要指对一般医疗服务的患者自付部分进行补偿的保险。
医疗保险合同通常规定在患者入院以及接受（合同规定范围内的）手术
时，可以获得一定数量的现金补偿。但医疗保险也有其他补偿方式，即
当受保人使用少数特定医疗服务和药品时，商业保险公司也可以直接对
医疗服务供方进行支付，并且不对社会医保支付产生影响，具体将在下
文介绍禁止 "混合医疗" 原则时详述。

医疗保险的保障有两大支柱：入院时获得的 "住院给付金" 和手术
期间获得的 "手术给付金"。住院给付有两种类型：一是 "每日付款型"，
即按住院天数每天支付住院费用；二是 "整笔付款型"，即一次性支付大
笔款项。此外，在手术时可获得的手术给付，有将每日住院给付乘以一
定倍数（如 5 倍、10 倍、20 倍等）得到金额的类型，以及每次手术固定
给付 10 万日元的类型。除此之外，医疗保险还可能提供包括门诊给付、
三大疾病（癌症、心脏病、中风）的保障、尖端医疗的保障等内容的保

险，或类似附属合约。图 1-19 反映了人寿保险公司客户购买医疗保险的情况。对人寿保险公司客户来说，近十年来，购买储蓄性质的重疾险和医疗保险的客户占比大致不变。

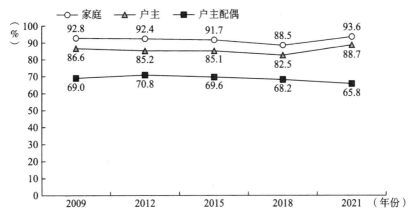

图 1-19　五次日本全国调查中所见人寿保险
购买者同时购买医疗保险（或医保附属合约）的比例

数据来源：日本生命保険文化センター「令和 2 年度生命保険に関する　全国実態調査」図表 1-37，2020。

· 癌症保险

癌症保险是专门针对癌症及所需医疗服务的保险。专门的癌症保险和前述储蓄性质的重疾险的主要区别，在于这类癌症保险并非一次性支付大笔现金补偿，而是根据癌症的病程和诊疗需求提供不同的补偿额度和补偿方式。通常只要患者被诊断为癌症，即可获得约定金额的诊断补偿；在被收治入院后能获得住院补偿，住院补偿按日计算，没有日数上限，目前市面上的癌症保险的平均日住院补偿为 1 万 ~1.2 万日元（折合人民币492~590 元）；接受手术时获得一次性手术补偿；接受放疗、化疗、激素药物治疗等时获得治疗补偿。此外，一些癌症保险还提供门诊补偿和在家疗养补偿，即受保人在被确诊为癌症后，即使不住院、不手术，也可以获得合同约定金额的现金补偿。但为减少逆向选择现象，通常癌症保险自合同签订之日起有 90 天的等待期，在此期间得到癌症诊断，则不在保障范围内，且合同自动取消。癌症保险通常覆盖所有癌症，但也有的商业保险公司会在合同中列出其不予覆盖或区别对待的癌症种类。

许多癌症保险带有针对尖端疗法的附属合约。目前的尖端疗法包括重离子治疗、质子治疗、疫苗治疗以及新的手术方法等。这类尖端疗法一般是社会医保不覆盖的，如果患者要求使用的话，只能完全自费。例如，目前最昂贵的重离子疗法大约要花费 300 万日元（约合人民币 15 万元）。但是，适用于上述尖端疗法的癌症案例其实并不多见，因此这部分增加的保费很少。一旦适用尖端疗法，患者就可以选择完全使用商业健康保险支付。图 1-20 是人寿保险公司客户购买癌症保险的情况。近年来，人寿保险公司的客户购买癌症保险的比例一直稳步上升。

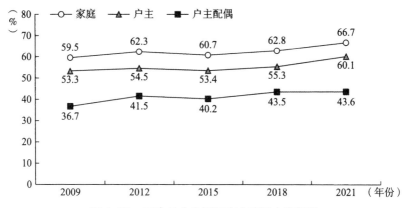

图 1-20　五次日本全国调查中所见人寿保险
购买者同时购买癌症保险（或癌症附属合约）的比例

数据来源：日本生命保险文化センター「令和 2 年度生命保险に関する　全国実態調査」图表 1-38，2020。

· 女性保险

女性保险是专门针对女性特有疾病及所需医疗服务的保险。这类保险仅针对妇科医疗需求（如子宫和卵巢相关疾病等）进行补偿；有些产品也提供对怀孕和分娩的相关需求的补偿。具体的补偿方式可能参考一般医疗保险，也可能参考一般癌症保险。目前市面上的女性保险，约八成左右日住院补偿为 5,000~7,000 日元（折合人民币约 246~345 元）。

· 长期护理保险

长期护理保险是专门针对长期护理服务的保险。通常有两种类型，一种是满足合同规定（受保人由于卧床或痴呆而需要护理，并且病情持续一定时间）时，按照合同议定保额获得一次性现金给付；另一种是与社会医保体系中的长期护理保险联动，即受保人在满足公共长期护理保险的给付标准并接受服务时，对其中的患者自付部分进行补偿。目前市面上的长期护理保险，平均月护理补偿为 6.5 万 ~8.5 万日元（折合人民币 3,200~4,184 元），在每次社会医保结算后以现金形式给付受保人。图 1-21 和图 1-22 反映了人寿保险公司客户购买长期护理保险（以及最新兴起的认知症保险）的情况。由于长期护理服务的需求通常只集中于高龄老人和特定慢性疾病患者，因此人寿保险公司客户中购买长期护理保险的比例一直远低于购买医疗保险的比例。

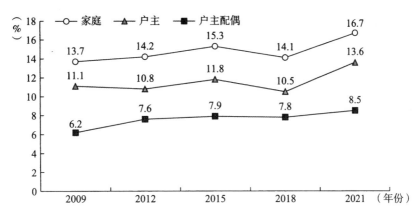

**图 1-21　五次日本全国调查中所见人寿保险
购买者同时购买长期护理保险（或长期护理附属合约）的比例**

数据来源：日本生命保険文化センター「令和 2 年度生命保険に関する　全国実態調査」图表 1-43，2020。

（2）按受保条件分类（对既往病史的处理）

针对上述第一类医疗保险，通常在签约之前，会要求受保人提供关于其健康状况的证明材料，或要求进行一定的健康检查。而针对因为健康状况或既往病史不能购买医疗保险的情况，有"限定告知型医疗保险"，对证明材料要求较宽松，即受保人可以选择不提供若干项资料。其保费要比普通商业健康保险高。

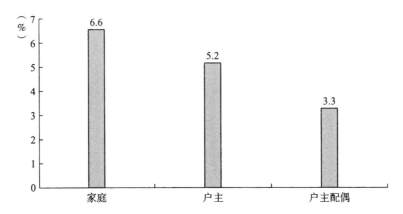

图 1-22　2021 年的日本全国调查中所见
人寿保险购买者同时购买认知症保险（或附属合约）的比例

数据来源：日本生命保険文化センター「令和 2 年度生命保険に関する　全国実態調査」图表 1-44，2020。

而"无选择型医疗保险"则是在不提供任何证明材料的情况下也可以购买的保险。原则上不论有何既往病史，任何人都可以购买，但也因此保费最高。但是，这种保险一般也有限制规定，如从合同签订之日起 90 天内不予赔付，或对于在签约之前发生且尚未治疗的疾病不予赔付等。

（3）按期限分类（定期型保险和终身型保险）

通常对保险公司来说，上述所有不同保障范围的商业健康保险都提供定期型（可更新型）和终身型两种。定期型保险，一般以从合同开始算起的 10 年和 15 年内作为初始合同保险期限，每次合同保险期限届满时可以续签。续签时无论被保险人健康状况如何，原则上保险范围、金额和期限均相同（但有规定的限额）。续签时，保费将根据续签时受保人的年龄和保费率重新计算，因此保费通常会高于续签前。续签的年龄上限通常为 80 岁（即只续签到被保险人年满 80 岁），但不同公司的具体规定可能略有差异（如也可能设定为 85 岁或 90 岁），取决于保险公司和产品。由于每次续签的合同保费会明显提高，所以在续签时，会提供变更合同的选择，如不续签（中止合同）或减少保险金额、保险覆盖内容等。

与之相对，终身型保险的保费终身固定不变，不存在合同续签的问题。但在补偿待遇相同的情况下，终身型保险的初始保费较定期型保险为高。

通常而言，年轻人更可能选择定期型（可更新型）保险，因为这种保单在年轻时保费较低，随着年龄增长，在每次续约时的保费会有所增高。以医疗保险为例，2020 年，在综合性保险销售网站 hoken.kakaku. com 上人气排名第一的定期医疗保险产品是 AXA Direct 人寿保险公司的"AXA Direct 定期医疗"，是 10 年期的定期型保险，与市面上常见的许多保险产品一样，住院给付金为每日 5,000 日元（约合 246 元人民币），一次住院的给付日数上限是 60 天。目前的价格是：客户在 30 岁时签约，月保费为 840 日元（约合 41 元人民币）；40 岁时签约，月保费为 960 日元（约合 47 元人民币）；50 岁时签约，月保费为 1,480 日元（约合 75 元人民币）；60 岁时签约，月保费为 2,940 日元（约合 145 元人民币）；其最大签约年龄为 69 岁（即合同在 79 岁时到期），月保费为 4,980 日元（约合 245 元人民币）。但客户也可以选择不续约，等于在年轻时以低廉的保费享受了较好的保障待遇。相比之下，不断续约却有可能是"不合算"的策略，因为定期型保险有续约年龄上限，相当于在医疗负担最重的高龄阶段反而无法再享受保险。灵活也是定期型保险的一个优势，客户可以在保险到期后回到市场重新货比三家，也可以根据社会医保制度、医疗技术及自身需求等的变化去选择更合适的产品。即使选择续签原保单，也可以就合约内容进行重新协商。

　　与之相反，终身型保险是在签约时就计算出一个固定不变的保费费率，对客户的整个余生都提供水平不变的保障。保费可能是终身缴纳，也可能设定为只缴纳到特定年龄（如 60 岁或 70 岁）。如果在年轻时就购买终身型保险，保费比起年纪较大后再买会低一些，但通常高于同样年龄时购买定期型保险的保费。例如，2020 年，综合性保险销售网站 hoken.kakaku.com 上人气排名第一的终身型医疗保险产品是 ORIX 人寿的"医疗保险新 CURE"，与上文提到的"AXA Direct 定期医疗"同样是住院给付金每日 5,000 日元（约合 246 元人民币），一次住院的给付日数上限是 60 天，虽然其他条款有所不同，但可以认为二者是在保障水平上较为近似的产品。"医疗保险新 CURE"目前的价格，客户在 30 岁时签约，男性的月保费为 1,531 日元（约合 75 元人民币），女性的月保费为 1,683 日元（约合 83 元人民币）；40 岁时签约，男性的月保费为 2,166

日元（约合 107 元人民币），女性的月保费为 2,000 日元（约合 98 元人民币）；而到 69 岁时签约，男性的月保费为 6,523 日元（约合 321 元人民币）；女性的月保费为 5,575 日元（约合 274 元人民币）。可以看出，此处终身型保险的月保费在每个年龄段都高于保障水平近似的定期型保险。但是，如果 40 岁以前签约终身型保险，则到高龄时仍能以每月 2,000 日元（约合 98 元人民币）甚至更低的保费享受同样的保障待遇。

总体而言，终身型保险对中老年人的吸引力更大，因为可以在高龄阶段享有终身保障，被保险人越是长寿，就越"划算"。而对经济条件允许的年轻人来说，终身型保险产品也很有竞争力。因此，终身型保险目前是医保产品销售的主力。而随着人均寿命的延长，其市场可能继续扩大。

（4）按合约类型分类（独立合约与附属合约）

目前已有的商业健康保险类型，几乎都可以作为独立合约或附属合约出现。如在一般医疗保险合约之上附属癌症保险合约、女性保险合约或护理保险合约等。除癌症外，脑血管疾病、心脏病、高血压和糖尿病也可以作为"特定疾病"形成附属合约，即在因以上几种疾病住院或手术时，获得额外的补偿。此外，常见的附属合约还包括：因意外事故受伤时获得额外补偿的合约，出院后为继续治疗某些疾病而看门诊时获得额外补偿的合约，因慢性病和生活习惯病增加住院日数时获得额外补偿的合约，尖端医疗合约等。

商业健康保险还可以作为人寿保险的附属合约销售。此外，针对重特大疾病提供的储蓄险性质的重疾险，也经常作为人寿保险的附属合约，与人寿保险共同销售。此类合约中，受保人由于特定疾病（如癌症、急性心肌梗死或中风）而进入合同规定的状况时，将获得与死亡保险金相同金额的特定保险金。收到特定疾病保险金后，合同终止。如果受保人在未获得特定疾病保险金的情况下死亡，则获得死亡保险金。

（三）日本商业健康保险的主要销售渠道

目前日本商业健康保险的销售方式呈现多元化的特点。主要包括：保险公司通过设于各地的分社用自己的销售人员直接销售或上门推销、通信销售（邮购）、网络销售、银行销售和保险代理店销售等，主要销售渠道见图 1–23。人寿保险公司同样是通过这些渠道销售第一和第三类保险产品（即寿险和健康险）。由图 1-24 可见，通过保险公司自己的销售人员销售是绝对主流的方式，但近年来其重要性有所下降，而银行销售的占比有所上升，保险代理店销售增长较快。

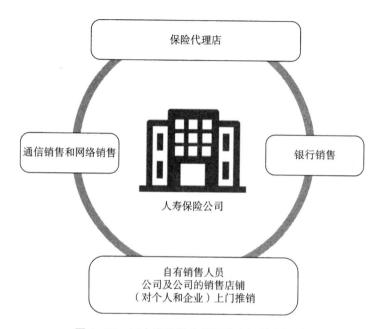

图 1-23　日本商业健康保险的主要销售渠道

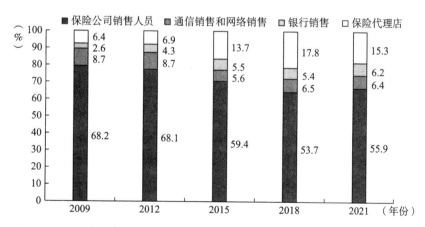

图 1-24　五次日本全国调查中所见人寿保险业保险产品主要销售方式占比

注：①每次调查统计的对象是之前 5 年间的新增契约。②原图数据如此。

数据来源：日本生命保险文化センター：「令和 2 年度生命保险に关する　全国实态调查」图表 1-60，2020。

·保险公司销售人员销售

由保险公司销售人员直接销售保险一直是最主流的销售方式，尽管近年来其重要性有所下降，但在 2018 年和 2021 年的两次调查中，从调查年份前推的过去五年间通过保险公司销售人员签订的合约仍都超过 50%。销售人员可以说是保险公司的一大支柱。其知识技能、销售技巧以及与消费者建立的信赖关系，是保险销售获得增长的关键。销售人员也构成了保险公司雇员的主体。例如，2018 年日本人寿保险公司拥有员工 73,260 人，其中销售人员 53,868 人，占 73.5%。2018 年，日本各人寿保险公司共有注册的专业销售人员 234,286 人。人寿保险销售人员中女性占大多数，一直是日本女性就业的一个重要选择。如 2018 年日本人寿保险公司的女性销售人员和销售管理人员共 51,801 人，占总数的 96.2%。有研究者指出，人寿保险与健康、家庭话题的密切关系，以及保险销售人员所需的沟通能力、可信赖性和友善态度等，是女性销售人员占比高的可能原因。

·通信销售（邮购）

通信销售一般是直接销售的补充，即消费者可以向保险公司索取保险产品的资料，借助电话咨询，然后通过邮寄的方式完成签约。这也是一种为销售人员难以覆盖到的地方的消费者提供便利的销售方式。

·网络销售

网络销售是近年来为方便消费者而增加的渠道，通过网络即可完成购买保险所需的全部手续。比起传统的通信销售，网络销售的手续往往更加简单。而且线上市场可以集中许多保险公司的不同产品，方便消费者进行横向比较。通过网络购买保险方便快捷，但可以获得的专业帮助很少。这种方式具有很强的"自助"特点，消费者需要自己去了解关于保险公司和不同产品的知识，仔细阅读和理解合同等。

·银行销售

银行销售指的是由银行扮演保险代理的角色，包括在银行营业厅开设保险销售窗口，以及银行职员向客户推销保险。由银行销售的主要是带有投资性质的人寿保险，也包括储蓄险性质的重疾险。由于银行的客户通常更有可能进行投资或购买金融产品，因此在银行提供保险购买渠道，其实是保险公司利用银行来开发新客户的销售方式。获得签约后，保险公司要向银行支付代理费。

·保险代理店

保险代理店不属于保险公司。专营的保险代理店是只提供关于保险的各种服务的代理机构，服务内容包括各种保险产品的介绍、签订购买合同、修改和解除合同、申请赔付以及其他相关咨询等。销售商业健康保险的保险代理店一般为专营代理店。旅行社、汽车销售和房产销售也经常兼营与自己业务相关的保险相关服务，但这不在本书讨论范围内。2018年，日本全国共有承办人寿保险公司相关业务的保险代理店85,862个。

专营保险代理店中，有专属和非专属之分。专属代理店只销售单一保险公司的产品，与该公司关系更紧密，对产品更熟悉，且在签约、合同修改以及赔付申请等服务上可能更具信息优势。非专属代理店则销售多家公司的多种产品，通常能提供更多的比较咨询服务。并且消费者使用非专属代理店的服务时，可以把自己购买的多种保险的相关事项均委托给同一家代理店，比较简单高效。

（四）日本商业健康保险的用户画像

已婚人士是日本人寿保险的主要购买者，尤其在户主（多数为男性）作为家庭收入主要来源的家庭中，在自己去世后为家人提供保障，一直是户主购买人寿保险的主要动机。从人寿保险业整体新增保单的性别分布来看，男女基本均衡（见图1-25）；但对健康类保险来说，女性的购买动机反而略强于男性（见图1-26）。人寿保险文化中心最新一次的调研数据显示，57%的用户选择"为覆盖医疗费用"作为购买保险的主要目的，这部分用户所购买的必定为健康类保险产品（见图1-27）。这和医疗保险、癌症保险等保单量不断增长的数据可互相印证，显示健康类保险在人寿保险业产品构成中日益占据重要地位。

在年龄分布方面，人寿保险公司用户在各年龄层次上分布较为均匀（见图1-28）。具体到不同种类的保险产品，图1-29显示，20岁以上的人口既购买人寿、养老类产品，也购买健康类保险产品，其所购买的人寿、养老类产品占比在60%以上；19岁以下的人口购买健康类产品的动机较弱，占比仅为21.6%。

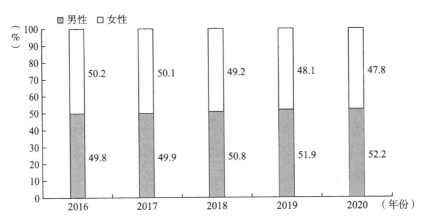

图 1-25　2016~2020 年日本人寿保险业新增保单数签约者性别分布

数据来源：日本生命保险协会「生命保険の動向」图表 17，2021。

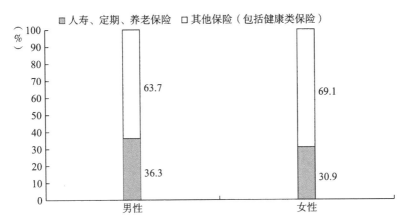

图 1-26　2020 年日本人寿保险业新增保单保险种类构成（性别分布）

数据来源：日本生命保险协会「生命保険の動向」图表 18，2021。

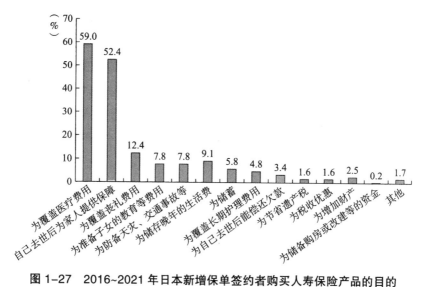

图 1-27 2016~2021 年日本新增保单签约者购买人寿保险产品的目的

数据来源：日本生命保険文化センター「令和 3 年度生命保険に関する 全国実態調査」，2020，图表 1-53。

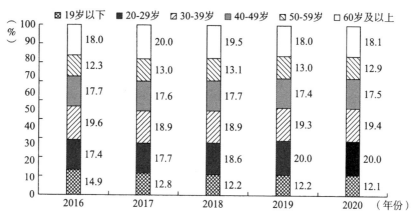

图 1-28 2016~2020 年日本人寿保险业新增保单签约者年龄分布

数据来源：日本生命保険协会「生命保険の動向」图表 20，2021。

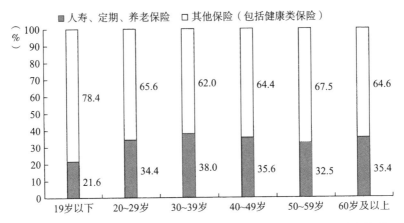

图 1-29　2018 年日本人寿保险业新增保单各年龄受保人保险种类构成

数据来源：日本生命保险协会「生命保険の動向」图表 21，2021。

数据显示，人寿保险业的客户遍布全日本，分布比较均匀。图 1-30
和图 1-31 展示了部分都道府县 2020 年新增保单数和老龄化程度（65 岁
以上人口占比）的关系，以及新增保单数与人均 GDP 的关系，没有发现
新增保单数与二者之间存在明显的相关性。

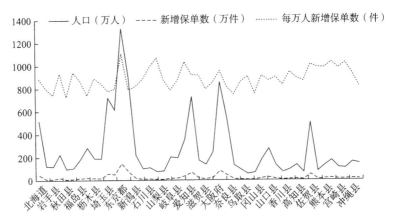

图 1-30　2020 年日本部分都道府县人寿保险业新增保单数

数据来源：日本生命保险协会「生命保険の動向」，2021。

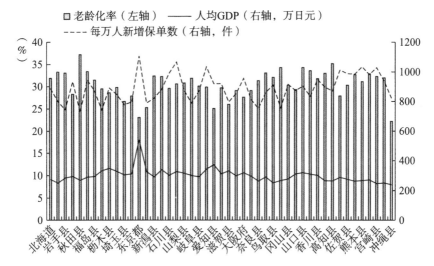

图 1-31 2020 年日本部分都道府县人寿保险业每万人新增保单数、
老龄化率与人均 GDP

数据来源：日本生命保险协会「生命保険の動向」、2021。日本内阁府「平成
30 年度県民経済計算について」、2018；日本内阁府「高齢社会白書（令和 3 年
版）」、2021；「令和 2 年度高齢化の状況及び高齢社会対策の実施状況」、2020。

2021 年日本人寿保险文化中心组织的调查显示，2016~2021 年，人
寿保险业新增保单的年平均保费额为 18.9 万日元（约合人民币 9,303 元）。
从图 1-32 可看出，人寿保险公司用户更倾向于保费较低的产品。而从图
1-33 可以看出，用户重视产品保障的广度和性价比，但最影响购买意愿
的因素还是产品保障内容与自己需求的契合度。此调研结果提示保险公
司可以注重细化产品设计以满足多层次需求，而比起人寿、养老等类别
的产品，这一发展方向对健康类保险产品可能更加重要。

（五）保险公司的产业链

1. 保险公司的延伸产业

日本的保险公司也涉足长期护理服务的提供。在日本，提供长期护
理服务的机构可分为公共机构和私营机构两大类，均可提供不同等级的
服务。公共机构由政府或社会福利法人举办，私营机构则允许民间团体、
医疗法人和企业举办，保险公司自然也包括在其中。表 1-11 列举了由保
险公司运营的各类长期护理机构的数量和规模。目前涉足护理服务的保险

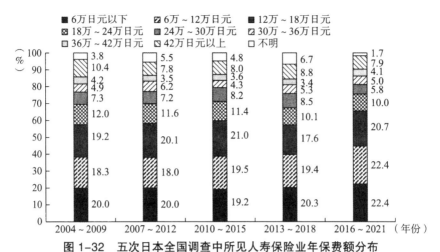

图 1-32 五次日本全国调查中所见人寿保险业年保费额分布

数据来源：日本生命保険文化センター「令和 3 年度生命保険に関する　全国
実態調査」図表 1-62，2021。

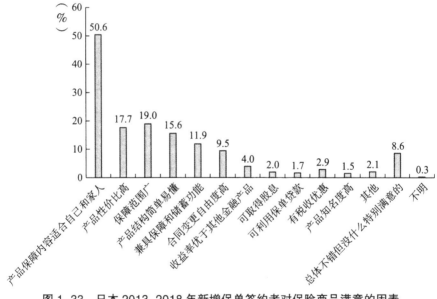

图 1-33 日本 2013~2018 年新增保单签约者对保险商品满意的因素

数据来源：日本生命保険文化センター「令和 3 年度生命保険に関する　全国
実態調査」図表 1-67，2021。

公司数量较少，且均为业内资产规模较大的企业。这些护理机构提供的
护理服务可以享受公共长期护理保险给付，同时也允许受护理者从商业
长期护理保险中获得补充性的现金赔付。

表 1-11　保险公司运营的长期护理机构情况

保险公司	护理机构	成立时间	居家护理（单位：机构数量）			机构护理（单位：房间数量）				
			访问护理	日间护理	居家护理支持	收费老人院	辅助生活机构	自理型（低费用）老人院	认知症老人集体护理机构	老人医疗护理机构
SOMPO	SOMPO护理公司	1997年5月	625	61	—			约25000		
东京海上	东京海上日航美好生活服务公司	1996年6月	40		40	501	104			—
三井住友海上	三井住友海上护理网络公司	1990年10月	3		3	233				
Aioi Nissay 同和损保	心心相印做生活服务公司	1989年7月		4						
日本生命	公益财团法人 Nissay Seirei 福利基金会	1989年7月	2		1	760				
明治安田生命	Sanvinas 立川公司	1987年12月				137				
SONY	生命设计公司	1999年10月				196				
SONY	骄傲生活公司	2006年7月				1324				

注：空缺为无此类机构；"—"代表有此类机构但数据不详。

数据来源：松吉夏之介「保険会社における介護事業の展開状況等について」『共済総研レポート』第 160 巻，2018。

无论经营主体是什么，这些机构均遵守《老人福利法》等法律规定，并依据社会医保体系中的公共护理保险所规定的护理级别和相应标准提供服务。严格的标准给保险公司提供护理服务设置了门槛，尤其在机构护理方面，在土地、人员、设施等方面较高的前期投入要求，可能是大多数人寿保险公司难以轻易进入这一领域的原因。以民营类机构中最常见的收费老人院为例，表1–12与表1–13说明了法律规定的收费老人院设施和人员配置的基本要求，根据计算，这样的老人院开业需要的总资金投入至少为2.5亿~3亿日元（约合人民币1,231万~1,477万元）以上。

表 1–12　日本收费老人院的设施要求

房间（人均建筑面积13平方米以上，不能为地下室）		
厕所	浴室·更衣室	办公室
洗脸设备	训练·复健室	洗衣房
食堂·谈话室	垃圾处理室	医务室、健康管理室
护理人员值班室	其他（紧急呼叫设备如护士呼叫、自动洒水灭火装置等）	

　　资料来源：收费老人院资讯网站"大家的长护"，https://www.minnanokaigo.com/guide/type/roujinhome/。

表 1–13　日本收费老人院的人员配置要求

生活顾问	全职1人或以上，用户与生活顾问人数比的基准为100:1
专业护理人员	需要护理的用户与护理人员人数比的基准为3:1
护理、生活及训练等计划制订者	1人或以上（可为兼职），用户与计划者人数比的基准为100:1
身体训练/复健教练	1人以上（可为兼职）
专职经理	1人（可兼其他职务）

　　资料来源：收费老人院资讯网站"大家的长护"，https://www.minnanokaigo.com/guide/type/roujinhome/。

　　随着长期护理需求的不断增长，人寿保险公司围绕护理保险开发出更多层次、更多种类的产品，如专门针对认知症不同阶段的护理需求提供保障的产品等。除了现金赔付和对机构付费之外，保险公司也在摸索提供其他配套服务的模式。表 1-14 展示了人寿保险公司可提供护理相关服务的主要类型，这些也是未来产品开发的一种方向。

表 1-14　人寿保险公司提供长期护理相关服务的主要类型

服务种类	服务内容
护理咨询	由护士、护理经理通过电话、访问或邮件提供关于长期护理方法和如何利用公共护理保险的咨询。
护理机构等的介绍和使用	食物提供和家务辅助等居家护理服务；付费老人院入住或介绍入住服务；与长期护理用品和设备经销商联系业务。
信息提供和搜索	提供有关各种层次长期护理服务的信息检索和阅览服务。
精神支持	由心理医生、心理咨询师和精神卫生工作者等通过电话或面谈提供心理咨询服务；在癌症告知等特定场合提供精神支持和咨询服务。
安全保障	以优惠价格使用保安公司的相关服务。
培训	以优惠价格参加长期护理人员初级培训等课程。
App 提供	为智能手机提供健康监测方面的应用程序，如通过步速测量来发现认知症风险等。

资料来源：松吉夏之介「保険会社における介護事業の展開状況等について」『共済総研レポート』第 160 卷，2018。

2. 保险公司的信息采集

厚生劳动省所进行的全国范围内的医疗卫生相关统计调查，包括从医疗供方角度提供的病床利用率和住院数据，从患者角度提供的人口信息和疾病类别统计、基本诊疗情况统计，以及专门的器官移植实施情况、善终护理意识和实施情况等，均在厚生劳动省网站上公开。社会医疗保险系统的定价和给付数据同样公开（日本商业健康保险服务数据供给各环节见图 1-34）。以上公开数据是商业保险公司宏观的情报信息来源。

在微观上，为了更好地开发健康类保险产品，除了投保时的健康状况调查外，保险公司也可以通过保费优惠或保障待遇等合同条件，鼓励投保人在投保时提供附加的更详细的体检报告和其他医学证明。同时，根据现行《个人信息保护法》的相关规定，医疗机构在经过患者本人书面同意的情况下，可以应提供给付的保险公司要求，向其提供患者的病例、检查结果等医疗信息和数据。

为了适当防范逆向选择风险，人寿保险公司的行业协会有"医疗保障保险契约内容登记制度"，规定商业健康保险的购买者需要在行业协会登记姓名、出生日期、性别、住址、自己所购买的保险的种类和基本赔付率、住院给付日额等最基本的信息。当该购买者试图向其他保险公司购买商业健康保险时，以上登记信息可供作为行业协会成员的所有人寿保险公司查阅参考。但这些信息被行业协会严格保护，不能用于其他目的的调查，当保险购买者的保险合同终止时即会删除。

近年来，基因检测技术的进步使得某些特定疾病的发生率一定程度上可以被预测，但关于此类检验结果和其他遗传信息的保护，日本尚无完善的法律。根据厚生劳动省 2017 年做的一项调查（针对 20~69 岁的男女，共收到有效问卷 18,881 份），3.2% 的受访者表示曾因自己或家人的疾病相关遗传信息而受到歧视，包括购买保险资格、保费设定方面的差别待遇，以及在结婚、就业、升职方面遭到的挫折。目前日本社会对此已有较多的讨论，学术界呼吁参照美国、德国、加拿大等国家的相关法律，立法禁止此类歧视，也呼吁保险业界自主建立相关约束。

图 1-34　日本商业健康保险服务数据供给各环节

（六）社会医保对商业健康保险的挤压和空间释放

日本的商业健康保险产品设计和赔付方式上具备上文所述的特征，这和社会医保体系特殊的制度设计分不开。其中最直接相关的两项制度是高额医疗费制度（"高额疗养费制度"）和禁止"混合医疗"原则（"混合诊疗禁止"）。

1. 高额医疗费制度

日本社会医保对诊疗费用的补偿比例根据年龄段的不同，分为 70%、80%、90% 三档，对于 6~69 岁患者的补偿比例是 70%。患者需要直接向医疗服务供方支付自付部分费用。因此当罹患重大疾病需要长期住院或慢性疾病需要经常问诊时，患者自付部分费用日积月累，也会形成较重的负担。例如，癌症患者手术加上住院 10~20 天的医疗费用，自付部分通常为 20 万 ~30 万日元（约合人民币 9,844~14,267 元）；如果接受放疗或化疗，一个月的医疗费自付额也会达到 10 万 ~20 万日元（约合人民币 4,922~9,844 元）。老年人虽然社会医保补偿比例较高，但其医疗费用一般也更高，同样能推高自付额。由图 1-35 可见，2019 年日本家庭月平均消费支出为 23.7 万日元（约合人民币 1.17 万元）。因此超过 10 万日元的医疗费月自付额会对大部分国民的生计造成相当的压力。为缓解这个问题，社会医保引入了高额医疗费制度。

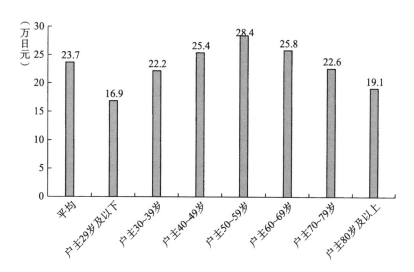

图 1-35　2019 年日本家庭月平均消费支出

　　数据来源：日本総務省統計局「2019 年全国家計構造調査 家計収支に関する結果」図 1-7，2019。

高额医疗费制度是对社会医保给付中患者自付部分实行封顶的制度，

即根据患者的收入水平，为每个月的自付额设置上限，超出上限则可提前申请减免，或事后向保险方申请返还。具体收入水平和医疗费上限额度见表 1-15 和表 1-16。这项制度可以避免患者大病产生的医疗费用自付额占可支配收入（或日常消费支出）比重过高，是避免"因病致贫"的社会安全网措施。

表 1-15　2018 年日本 69 岁以下医疗费上限额度

年收入（注 1）	月上限额度（日元，括号中为折合人民币的金额）	月上限额度 [多次（注 2），日元，括号中为折合人民币的金额]
1,160 万日元以上（57 万元以上）	252,600（12,433 元）+（医疗费 -842,000（41,445 元））*1%	140,100（6,896 元）
770 万 ~1,160 万日元（38 万元 ~57 万元）	167,400（8,340 元）+ [医疗费 -558,000（27,466 元）]*1%	93,000（4,578 元）
370 万 ~770 万日元（18 万元 ~38 万元）	80,100（3,943 元）+ [医疗费 -267,000（13,142 元）]*1%	44,400（2,185 元）
370 万日元以下（18 万元以下）	57,600（2,835 元）	44,400（2,185 元）
100 万日元以下（4.9 万元以下）	35,400（1,742 元）	24,600（1,211 元）

注 1：括号中是按 2022 年 7 月的平均汇率计算折合的人民币金额。

注 2："多次"指一年内个人医疗费超过上限额度 3 次以上的，从第 4 次开始额度降低，适用"多次"额度。

数据来源：日本厚生劳働省「高額療養費制度を利用される皆さまへ（平成 30 年 8 月診療分から）」，2018。

表 1-16　2018 年日本 70 岁以上医疗费上限额度

年收入	月上限额度（日元）	月上限额度（多次，日元）
1,160 万日元以上（57 万元以上）	252,600（12,433 元）+ [医疗费 -842,000（41,445 元）]*1%	140,100（6,896 元）
770 万 ~1,160 万日元（38 万 ~57 万元）	167,400（8,340 元）+ [医疗费 -558,000（27,466 元）]*1%	93,000（4,578 元）
370 万 ~770 万日元（18 万 ~38 万元）	80,100（3,943 元）+ [医疗费 -267,000（13,142 元）]*1%	44,400（2,185 元）
156 万 ~370 万日元（7.7 万 ~18 万元）	57,600（2,835 元）	44,400（2,185 元）

年收入	月上限额度（日元）	月上限额度（多次，日元）
低收入 1 类		
低收入 2 类 （年收入 80 万日元以下） （3.9 万元以下）	8,000（394 元）	

从表 1-15 和表 1-16 可知，有了高额医疗费制度，收入最低的人群［年收入 370 万日元（约合 18 万元人民币）以下的两个群体］每个月的医疗费自付额度被控制在 3,000 元人民币以下的水平；中等收入的人群每个月自付额度在人民币 10,000 元以下；而收入最高的人群（年收入 1,160 万日元以上的群体）每个月自付额度也在人民币 15,000 元以下。如果罹患需要长期治疗的重大、复杂疾病，一年内 3 次以上超过自付额度时，还适用"多次"额度，上限进一步降低。低收入老人则一律适用月自付额上限 8,000 日元（约合人民币 394 元）。

为自付费用实行封顶之后，日本国民被医疗费拖垮家庭财务的危险大大降低。而相应地，其购买商业健康保险以覆盖自付部分的动机也变弱了。这是社会医保的制度设计挤压商业健康保险生存空间的一个体现。但另一方面，在社会医保财务压力不断增大的背景下，高额医疗费制度所设置的封顶线也经过多次调整而不断升高。最近的一次调整发生在 2015 年 1 月，在此之前 69 岁及以下的国民仅被分为高收入者（年收入超过 770 万日元，约合人民币 38 万元）、一般收入者（年收入 210 万 ~770 万日元，约合人民币 10 万 ~38 万元）和低收入者（年收入不足 210 万日元，约合人民币 10 万元）三个等级，各等级的自付额封顶线均低于现行标准。高额医疗费制度的这种收缩，相应地为商业健康保险释放了更多空间。

2. 禁止"混合医疗"原则

在大部分发达国家，商业健康保险的一大作用是覆盖社会医保目录之外的医疗服务和药品，扩展受保人的选择范围。例如，商业健康保险可以覆盖更昂贵的专利药和尚未进入社会医保目录的新药，覆盖尚在探索阶段的最新治疗方法，覆盖材料更贵的假肢、假牙等，或为一些特殊服务付费，即社会医保"保基本"，商业健康保险"保高端"和"保特需"。商业健康保险也因此可以向医疗服务供方直接支付。但在日本，商业健康保险的这项作用受到了较大的抑制。其原因在于，首先，如上文所述，日本社会医保覆盖范围很广，对一些国家不予覆盖或补偿比例较低的牙医和眼科也都覆盖；其目录更新速度较快，甚至还能支付部分在其他国家基本不包括在公共健康保险体系中的替代疗法，如针灸、按摩和中草药等。这使得日本国民对目录外医药的需求相对较小。其次，日本社会医保为医疗服务供方设定了禁止"混合医疗"原则作为限制。

禁止"混合医疗"原则，是指在对同一疾病的诊疗过程中，原则上不允许出现社会医保覆盖范围内的医疗项目和药品由社会医保支付、社会医保不覆盖的项目和药品由商业保险支付或自费支付的情形。在已经接受了社会医保给付的疾病诊疗过程中，医疗服务供方不能在社会医保覆盖范围外，为社会医保目录外的服务和药品向患者单独收费。一旦发生这种收费，则针对该疾病的所有诊疗费用，社会医保都不再给付，一律转为患者自付（或由患者购买的商业健康保险支付）。设立此原则的原因有二。第一，由于日本社会医保目录的覆盖范围广、更新速度快，已经涵盖了尽可能多的医疗服务项目和药品，而未进入目录者可能是因为尚未确认安全性和有效性，不宜鼓励其与目录内诊疗手段一同实施。第二，医疗服务供方往往倾向于使用收费高昂的新药、新技术，商业保险如不能对目录外技术和药品起到足够的控费作用，也只能通过提高保费把负担转嫁给患者，由此带来患者收入不平等导致的医疗不平等。

但是，随着社会医保体系财务负担的日益沉重，以及人们对尖端医疗技术和药品需求的增长，日本社会也早已出现针对禁止"混合医疗"原则的辩论。经过 1984 年和 2006 年两次对《国民健康保险法》的修改，目前日本对"混合医疗"的管制已有一定放松，允许医疗服务供方在社保给付之上就特定目录外技术和药品单独收费。

首先，正在接受评估但尚未进入社会医保目录的医疗技术和药品，在评估期间可以由商业健康保险或个人自费支付，而不影响社会医保支付。这些医疗服务被称为评估医疗服务（"評価療養"），包括《药事法》

已批准但社会医保目录尚未收录的药品和其他医疗用品、正在申请变更用法用量等并接受重新评估的医药品等。

其次，若干经由厚生劳动大臣批准的特选医疗服务（"選定療養"）可以由商业健康保险或个人自费支付，而不影响社会医保支付。这些医疗服务包括：单人病房、特殊病房、未经转诊的大医院诊疗（初诊、复诊）及预约、医院加班诊疗、超过社保给付次数的理疗、超过 180 天的住院、特殊合金假牙和其他牙科高端服务等。

再次，基于医疗机构的申请，由厚生劳动省内的"尖端医疗会议"（"先進医療会議"）审查其安全性、合理性和有效性后，批准使用的尖端医疗服务（"先進医療"），也可以由商业健康保险或个人支付而不影响社会医保支付。审批时间约为 6 个月。目前得到批准的尖端医疗服务共 81种。采用这些尖端医疗服务的资格要由医疗机构向厚生劳动省单独申请，申请者必须是社会医保定点机构，且要符合所申请的尖端医疗服务要求的设备、人员、管理等各方面条件。可以提供各种尖端医疗服务的医院均在厚生劳动省网站上公示。这类尖端医疗服务的例子有重离子治疗等。

最后，自 2016 年起，患者经向厚生劳动省提出申请，也可以在若干经过批准的医疗机构（"特定機能病院"，其中又有更高等级的"臨床研究中核病院"）接受特定的目录外技术和药品（包括尚未经日本法律批准的新药）治疗，进行一定程度的混合医疗，这被称为患者申请医疗服务（"患者申出療養"）。"特定機能病院"共 87 家，其中 14 家是"臨床研究中核病院"（具体机构列表见附录 2 中的附表 6）。患者申请医疗服务的审核时间较短，一般只需要 6 周，在有先例的情况下甚至可以缩短到 2 周。

关于尖端医疗服务和患者申请医疗服务的规定可能是基于三个考虑。第一，获准提供此类服务的这些医院基本是大型教学医院，医疗水平较高，对尖端医药的选择可以做到较为慎重，可以最大限度地避免冒进和误用造成的严重后果。第二，大型教学医院是科研型医院，允许一定程度的混合医疗有利于新技术包括新药的推广和创新，也能鼓励这类医院针对疑难杂症和危急重症探索使用新技术、新产品。第三，政府对这类医院的监管更为密切和严格，可以对混合医疗带来的负面影响进行较及时的评估和调整。

对"混合医疗"的放松管制扩展了商业健康保险的市场空间。大多数商业健康保险产品都包含特选医疗服务的补偿待遇，这成为商业健康保险补充社会医保的一种"标准配置"。放松管制的"开口"主要在于新药和尖端医药，即在社会医保对医药技术发展"跟不上"的地方，商业健康保险就可以进入。商业健康保险配合推出待遇优厚程度不同的产品，以满足风险规避程度不同、支付能力不同的消费者的需求。

第二章　日本商业健康保险监管体系

一　监管主体与监管原则

日本对保险业采取实体监管方式，即制定完善的法律法规，以国家机关——内阁府金融厅为主体，对保险企业的设立、经营、财务等实行监管。与此同时，保险公司的行业协会以自愿为基础，以促进行业内的公平、健康发展和履行企业社会责任为目的，制定更加精细的行业规范，约束各保险企业的行为。

商业健康保险作为保险产品种类之一，按照一般性监管原则监管。目前，日本还未针对商业健康保险出台特定监管措施。

（一）法律框架

1.《保险业法》的历史演变

保险业相关的理念知识是由日本近代著名思想家福泽谕吉介绍进日本的。1881 年，福泽谕吉的学生阿部泰藏创立了日本第一家保险公司（即现在明治安田人寿保险公司的前身）。其后 20 年间，最初一批保险公司在各地纷纷建立，总数达到数百家。为规范保险公司的业务、运营与竞争，为国家监管保险业提供依据，日本政府参考德国的保险监管制度，在 1900 年出台了日本第一部《保险业法》，由当时的农商务省下属商工局保险科负责保险业监管。1900 年《保险业法》出台前，人寿保险公司的行业组织"生命保险会社谈话会"已于 1898 年成立，行业组织和龙头企业在法律制定过程中已发挥作用。

1939 年日本修订《保险业法》，在二战期间将部分保险业务收归国有，并极大地强化了对保险业的国家管制。战后再次修改法律，重新开放人寿保险与财产保险由私营保险公司经营，分别发放寿险与财险牌照，并进一步细化了保险销售等方面的规定。原有国营保险企业随后逐渐完成私有化。

现行《保险业法》是在1995年全面修订后，于1996年开始实行的。其后又经历了几次较小的修订。1995年这次改革的中心思想为促进竞争的市场开放和放松管制。改革主要包括以下内容。

（1）放开市场准入：如人寿保险公司和财产保险公司可以通过建立子公司的形式互相进入对方的传统业务领域；逐步开放"第三分类"（即"健康类"）保险产品相关的业务。其后外资保险公司和日资保险公司在业务范围上不再有区分，可在同一层面自由竞争（参见第一章第一节第二小节"日本商业健康保险市场定位"）。

（2）扩大企业自主权：如放松了对财产保险公司费率计算方式的管制，允许其自主定价等。此后全部保险商品的价格管制均被取消。

（3）扩充市场交易渠道：如允许银行销售保险产品，允许保险代理店同时贩卖多个保险公司的产品（即非专属代理店），引入保险经纪人制度，等等。

（4）加强风险管控方面的国家干预：如引入标准责任准备金制度，引入关于边际清偿力比率（solvency margin ratio）的规定等。

（5）加强保单持有人权益保护：如建立保单持有人保护组织等；2016年又修订细化了对保险销售中信息提供等方面的规定。

2. 其他法律法规

进入21世纪后，在保险行业快速发展、保险企业相互竞争的同时，日本相继出台了一系列法律法规（见表2-1），规范完善对消费者在保险交易、个人信息等方面的保护，特别是对保险合同的规范性进行了持续的细化。例如，2003年制定的《个人信息保护法》规定，医疗机构在经过患者本人同意后，可以应提供给付的保险公司要求向其提供患者的病例、检查结果等医疗信息和数据。2007年建立的消费者集体诉讼制度显著降低了消费者集体维权成本，倒逼保险企业合法、合规经营。2008年出台的《保险法》，将关于保险合同及当事人权利义务的规定从《商法》中独立出来，使其具备完整性且适应现代保险业的发展。《保险法》增加了专门针对第三分类保险（健康类保险）的规定，明确并细化了其合同要求。同时，完善了保护保单持有人利益的规定，如保险公司的信息提供义务、赔付支付时限、禁止损害保单持有人利益的条款等。

表2-1　日本商业保险监管涉及的主要法律

名称	制定日期	实行年月	内容要点
《金融产品销售法》	2000.5.31	2001年4月	具体规定金融产品销售时的告知和解释说明义务，规定卖方有义务公开其销售策略等。
《消费者契约法》	2000.5.12	2001年4月	规定卖方的告知义务，保护消费者权利。适用于保险销售合同。 2007年6月7日修订后，引入消费者集体诉讼制度。
《个人信息保护法》	2003.5.23	2005年4月	规定相关企业处理消费者信息时的义务，包括使用目的、获取方式、过程公开、安全措施、监督管理、向第三方提供的限制、终止使用的要求等。
《犯罪收益转移防止法》	2007.3.31	2008年3月	旨在防止犯罪分子利用包括保险在内的金融交易转移犯罪收益，规定了报告可疑交易的义务等。
《保险法》	2008.6.6	2010年4月	约束保险合同的订立、效力、履行和终止等各事项的法律，规定了保单持有人和保险公司各自的权利义务。

资料来源：作者根据相关法律整理。

以各项法律为基础，日本中央政府各级监管部门针对法律的实施方法和具体的政策措施，出台相关的政令和告示等，用来规范保险行业的行为。如图2-1所示，金字塔图自下至上纲领性和权威性相对降低，而具体性和时效性逐渐增高。

3. 税收优惠制度

日本有人寿保险保费扣除制度（"生命保险料控除"），即国民购买广义的人寿保险（包括人寿保险和个人年金保险，不包括5年以内的储蓄保险、团体信用人寿保险和财产保险）的保费，可以按一定的金额和比例从应税收入中扣除。这是一种鼓励购买人寿保险的税收优惠制度。对2012年1月1日开始的新保单，保费扣除制度中增加了健康类保险保费。

国民为自己和配偶、亲属（6 代以内血亲和 3 代以内姻亲）购买的对门诊、住院、长期护理等支出进行支付的健康类保险，其保费可以从应税收入中扣除。

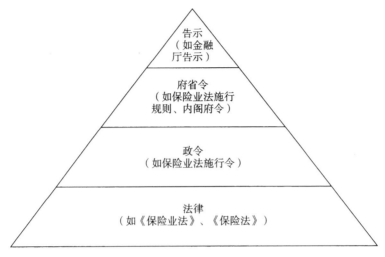

图 2-1　日本保险业相关的法律和政令体系

　　根据表 2-2 的数据可知，日本国民如果单独购买商业健康保险，可能获得的最高年保费扣除额为 6.8 万日元（约合人民币 3,347 元），约占日本人均国民收入的 1.2%（2019 年），约占日本人均年消费支出的 2.4%（2019 年）。表 2-3 显示了配齐 3 种保险（一般人寿保险、个人年金保险和商业健康保险）所能扣除应税收入的上限。

表 2-2　日本人寿保险保费扣除额度（新制度）

所得税		居民税	
年保费额	扣除额	年保费额	扣除额
2 万日元以下（984 元以下）	保费全额	12,000 日元以下（591 元）	保费全额
2 万~4 万日元（984~1,968 元）	保费 *0.5+10,000 日元（492 元）	12,000~32,000 日元（591~1,575 元）	保费 *0.5+6,000 日元（295 元）
4 万~8 万日元（1,969~3,938 元）	保费 *0.25+20,000 日元（984 元）	32,000~56,000 日元（1,571~2,756 元）	保费 *0.25+14,000 日元（689 元）

所得税		居民税	
年保费额	扣除额	年保费额	扣除额
8万日元以上 （3,938元以上）	40,000日元 （1,969元）	56,000日元以上 （2,756元以上）	28,000日元 （1,378元）

数据来源：日本国税厅 生命保険文化センター「生命保険料控除」（2012年之后的新制度）。

表2-3　日本不同保险配置保费扣除的限额

	3种保险	2种保险	1种保险
所得税	12万日元（5,907元）	8万日元（3,938元）	4万日元（1,969元）
居民税	7万日元（3,446元）	5.6万日元（2,756元）	2.8万日元（1,378元）

注：表格为作者根据2022年的公开资料整理。日本对所有寿险产品给予同等税收优惠。保费扣除制度中区分的3种保险为一般人寿保险、个人年金保险和商业健康保险。购买的种类越多，扣除限额也相应越高。括号中为按2022年7月平均汇率计算的折合人民币金额。

数据来源：日本国税厅 生命保険文化センター「生命保険料控除」（2012年之后的新制度）。

（二）监管主体：金融厅的沿革、组织与监管方式

日本保险业属于一元化监管制度，主要监管部门是金融厅（"金融厅"，Financial Services Agency）。金融厅是直属于日本内阁府的独立部门，依照法律法规监督管理包括保险市场在内的全国金融市场。金融厅监督管理保险业的指导原则是：从保险业务的公共性出发，确保保险业务的健全合理经营、保险销售的公正，保护保险投保人等，并为国民生活的安定和国民经济的健康发展做出贡献。

1.金融厅的组织沿革

1998年之前，日本中央政府的金融监管职能归属于大藏省（现财务省）。大藏省下设的银行局和证券局等部门分别监管包括保险公司在内的不同类型金融机构。1998年受到大藏省渎职丑闻的影响，部分中央机关改组，大藏省职权收缩，成立了首相直属的"金融监督厅"。2001年中央机关全面改革，大藏省改组为财务省，而金融监督厅改组为内阁府下设的独立的金融厅，全面接管了金融监管职能。当时金融厅下设总务企划

局、检查局、监督局三局，以及独立的证券交易监督委员会和注册会计师和审计监察委员会。其中监督局主要负责落实法律法规、细化监管指南、对各种金融机构提供综合性指导，而检查局负责对金融机构的在地检查、评级和处置。

2018 年 7 月 17 日，金融厅实行了包括废止检查局在内的内部重组，开始实行新体制。从常规的总务企划、检查和监督三局体制，转变为综合政策、规划市场和监督的三局体制。其目的是改革因为反复处分金融机构而被称为"金融处分厅"的金融厅体制。同日，金融厅长官森信亲去职，原监督局局长远藤俊英升任金融厅长官。向金融机构提供指导的监督局，接收了检查金融机构的财务状况、在某些情况下进行现场检查的原检查局的职责。由于泡沫破裂导致金融机构遭受大量不良贷款困扰的问题得到解决，检查局被取消。同时，总务企划局被分为综合政策局和规划市场局。综合政策局接收了金融行政的职责，而规划市场局负责金融监管政策的研究和制定。规划市场局的新工作重点之一是为金融技术的新发展做好准备，如金融科技（FinTech）和虚拟货币等。金融厅在官方网站上设置了"金融科技咨询服务"和"金融科技实验中心（申请）"窗口，用来收集相关的意见、情报并征集实证研究项目，追踪相关企业的讨论和实践活动，来为制定监管政策做好准备。目前日本在金融科技监管方面的进展相对较慢，例如，有关移动支付、虚拟货币等的监管办法已经初步确立，但具体的政策走向仍在讨论中。学界和业界均认为，未来如果修订《银行法》中关于金融科技的内容、进行相应的放松管制，则保险业监管也有可能跟进。

此次改组后，对保险业的监管工作均归金融厅监督局下属的保险科负责，其两大职能包括：

（1）根据《保险业法》为金融机构提供指导和服务；

（2）检查金融机构的财务和经营状况，必要时对特定金融机构进行现场检查。

金融厅由首相任命的金融担当大臣领导，下设副大臣和大臣政务官辅佐。该机关最高级别的事务官员是金融厅长官，到目前为止共 12 任，平均任期约 2 年。除金融厅初设时的首任长官为检察系统出身外，历任长官均为从财政、金融系统内部成长起来的技术官员（见表2-4）。

表2-4　历任金融厅长官

姓名	任期	学历与专业	任前曾历部门（部分）	备注
日野正晴	1998.6～2001.1	东北大学法学部	大阪地方检察厅 法务省 东京地方检察厅 最高检察厅	第一任金融厅（原金融监督厅）长官
森昭治	2001.1～2002.7	东京大学法学部	大藏省国际金融局 大藏省证券局 大藏省国税厅 大藏省东京国税局	
高木祥吉	2002.7～2004.7	东京大学法学部 哈佛大学法学硕士 （LL.M）	大藏省理财局 大藏省证券局 大藏省国税厅 大藏省东京国税局 金融厅监督局	
五味廣文	2004.7～2007.7	东京大学法学部 哈佛大学法学硕士 （LL.M）	大藏省名古屋国税局 大藏省国税厅 大藏省国际金融局 大藏省主计局 大藏省银行局 金融厅检查局 金融厅监督局	
佐藤隆文	2007.7～2009.7	一桥大学经济学部 牛津大学经济学硕士 名古屋大学经济学 博士	大藏省理财局 通商产业省产业政策局 大藏省国际金融局 大藏省主计局 大藏省银行局 金融厅总务企划局 金融厅检查局 金融厅监督局	
三國谷勝範	2009.7～2011.8	东京大学法学部	大藏省三条税务署 大藏省主计局 大藏省证券局 金融厅总务企划局 金融厅监督局	

续表

姓名	任期	学历与专业	任前曾历部门（部分）	备注
畑中龍太郎	2011.8 ~ 2014.7	东京大学法学部	大藏省名古屋国税局 大藏省银行局 大藏省理财局 大藏省主税局 大藏省金融企划局 财务省总务科 财务省近畿财政局 金融厅总务企划局 金融厅检查局 金融厅监督局	
細溝清史	2014.7 ~ 2015.7	东京大学法学部	财务省主计局 金融厅总务企划局 金融厅检查局 金融厅监督局	
森信親	2015.7 ~ 2018.7	东京大学教养学部 （国际关系专业） 剑桥大学经济学硕士	大藏省证券局 大藏省主计局 财务省大臣官房 金融厅总务企划局 金融厅检查局 金融厅监督局	
遠藤俊英	2018.7 ~ 2020.7	东京大学法学部 伦敦政治经济学院经济学硕士	大藏省主计局 大藏省大臣官房 大藏省国税厅 大藏省银行局 大藏省主税局 金融厅总务企划局 金融厅检查局 金融厅监督局	新体制第一任金融厅长官
氷見野良三	2020.7 ~ 2021.7	东京大学法学部	大藏省银行局 大藏省大臣官房 大藏省新泻国税局 大藏省主税局 金融厅监督局 金融厅总务企划局 金融厅金融国际审议官	

续表

姓名	任期	学历与专业	任前曾历部门（部分）	备注
中岛淳一	2021.7～	东京大学工学部	大藏省银行局 大藏省大臣官房 大藏省仙台国税局 经济企划厅 大藏省名古屋国税局 大藏省金融企划局 金融厅总务企划局 总务省人事抚恤局 财务省理财局 金融厅综合政策局	

资料来源：作者整理。

金融厅的公务人员定额 2020 年为 1,607 人。其中综合政策局 506 人，规划市场局 200 人，监督局 437 人。具体组织结构见图 2-2。

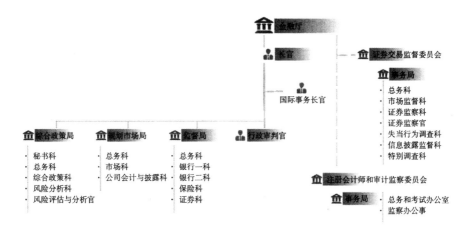

图 2-2　金融厅的组织结构

注：实线代表直接隶属关系，虚线代表领导关系，两个委员会与金融厅本厅的三局相比地位更加独立，其人员不算在金融厅公务员定额内。

资料来源：日本金融厅「金融庁の組織」，2020。

1998 年金融监督厅的成立仅为中央层面的改组，而当时的大藏省在各地的地方分支机构"财务局"并未将对金融机构的监管职能分出。在法律上，现金融厅并无地方分支机构（"地方支分部局"）。金融厅委托现在财务省的地方派驻机关——财务局执行相关金融业务，受金融厅指挥监督，因此在实务上，财务局可被视为金融厅的地方执行单位。财务局是日本中央省厅在各地的派出机关，是垂直管理部门。

2. 常规化的监管方式

金融厅对保险业的监管由"非现场"（off site）和"现场"（on site）双重监管方法组成。一方面，监管部门通过定期要求保险公司报告经营情况来掌握保险公司的业务状况；快速和高效地积累和分析从保险公司收集的各种信息，并向保险公司提供服务和指导。另一方面，监管部门对保险公司发起定期和临时的现场调查，以尽早发现与其业务的健全性和适当性有关的任何问题，并采取必要的监督措施，如行政处罚等，目的是使问题在恶化之前得到改善。

（1）非现场监管

非现场的监管是指监管部门进行连续的、常规化的信息收集，如要求保险公司定期报送规定的信息和统计报表等，用收集的信息对保险市场进行分析，把握其总体趋势，为企业提供指导。根据现行《保险业法》（第110条）和《〈保险业法〉施行规则》（第59条），保险公司每年须向监管部门提交中期业务报告（截至当年度的9月30日）和年终业务报告（截至当财年结束），报告须涵盖公司本部及旗下子公司的情况，具体见表2-5。

表2-5　保险公司每年须提交的信息

公司类型	股份制公司	相互制公司（Mutual Insurance Company）
中期业务报告	中期事业报告 中期资产负债表 中期损益表 中期现金流量表 中期股东资本变动表 有关偿付能力的其他说明	中期事业报告 中期资产负债表 中期损益表 中期现金流量表 中期基金变动表 有关偿付能力的其他说明
年终业务报告	事业报告 附属明细说明 与股东大会有关事项的文件	事业报告 附属明细说明 与社员大会有关事项的文件

续表

公司类型	股份制公司	相互制公司（Mutual Insurance Company）
年终业务报告	资产负债表 损益表 现金流量表 股东资本变动表 有关偿付能力的其他说明	资产负债表 损益表 现金流量表 与留存收益或损失等处理相关的文件 基金变动表 基金分配相关文件 基金利息支付相关文件 有关偿付能力的其他说明

资料来源：「保険業法施行規則」。

此外，监管部门有权向保险公司要求提交关于其管理体制、经营业绩、财务信息、信用信息、市场风险和流动性风险等信息的其他报告和说明。金融厅监管的基础原则是：确保与保险公司的良好沟通，尊重保险公司的自律和内部监察的努力，确保监管的效率和效果。因此，监管部门与各保险公司保持经常性的沟通，在遇到问题时可先召集保险公司管理层或相关人员举办听证会，或引入第三方的精算师等专业人士参加听证会，以调查可能出现的问题并寻求改进。

（2）现场监管

现场监管是指由金融厅或各地财务局在每年 3 月财年决算期末时派出检查官小组（由金融厅或财务局公务员组成）到各保险公司进行实地检查，对被检查公司做出综合评价，对发现的问题进行处置。2018 年金融厅改组前，由检查局承担针对保险公司进行现场检查的工作；改组后该工作也统一归入监督局保险科，其内容和规程得到了一定程度的简化，目前仍处在改革过程中。

对个别保险公司进行现场检查和评级的项目，包括"经营管理情况——基本要素""遵守法律法规的情况""保险销售管理情况""消费者保护等管理情况""综合风险管理情况""承保风险管理情况""资本运作风险管理情况""操作风险管理情况"共 8 项。每个项目的评价分为"A、B、C、D"4 个等级，金融厅制定了专门的检查手册，具体说明评级标准和评级时须留意的要点（表 2-6 提供了检查手册的内容举例）。各年度现场检查开始前，金融厅会确定是进行包括全部项目的综合检查，还是进行只抽查部分项目的部分检查。开始之前会通知被检查公司并公开检查日期和项目，要求被检查公司提供相关资料。但考虑到最大化检查的实效性，也存在突击检查的情况。

表 2-6 2012 年日本保险检查手册内容举例

评价标准

A：管理方建立了坚实的保险销售管理体系。发现的弱点十分细微，基本不会影响保险销售的公正、适当。

B：在保险销售方面有轻微违反法律法规的情况，但管理方建立的保险销售管理体系是坚实的。存在一些弱点，对保险销售的公正、适当并无重大影响，且已经或可预见将采取合适的改进措施。

C：在保险销售方面有轻微违反法律法规的情况，而保险销售管理体系并不完善。对保险销售的公正、适当已产生明显影响，需要改善。

D：在保险销售方面有较严重的违法情况，保险销售管理体系有重大缺陷。可能威胁保险公司存续的违法行为可能发生或已经发生。

评价中须注意的事项

基本注意事项：
○评价时以"保险销售管理情况的确认检查清单"和"检证要点"为基础。
○根据"管理方建立和维持保险销售管理系统的状况"中列出的清单，注重制度的实效性。
○注意保险销售管理方针等的制定、维持、改正等一系列过程中的问题所在。
○注意前次检查中指出的事项（尤其是较重大事项），管理方是否主动制定和实施了有效的改进措施。如果改进不充分，则根据对管理方的认识和对改进不足的原因、背景的把握，进行再次评价。对前次检查指出事项的改善状况，也可以作为预期此次检查指出事项能否引起响应的一个因素。

加分要素：
○针对客户支持等部门中发现的问题，对保险销售手册等进行及时改进，使保险销售管理和客户支持部门有机联系，发挥协同效应。
○董事会与保险销售管理部门管理者进行的评估和改进活动有效运行时，客户的评价不断提高。

减分要素：
○由于未处理不当（虚假、浮夸）说明等不当销售行为、未采取有效的改进和防范措施，导致同类的投诉和纠纷同时出现在多个营业地点或销售人员身上。

续表

其他注意事项：
。要同时考虑保险公司的规模和特点、违法违规行为的事实和保险公司规模的关系（严重程度可能有所不同）、违法行为对保险公司经营的影响、违法的原因和背景等。
。保险销售管理系统是否充分考虑了保险销售方式和销售人员的特点。如保险公司对保险代理店的约束方式等。

资料来源：作者根据日本金融厅「平成 24 年 保険検査評定制度」整理。

现场检查结束后，检查官将评级结果以书面形式通知被检查公司。被检查公司可以提交说明或申诉意见。针对现场调查的结果，金融厅可以依法对其进行"行政指导"或"行政处分"，后者包括责令提交解释报告、制订改善计划、停止业务整改，乃至撤销执照等。

3. 非常规化的监管方式

非常规化的监管主要在于保险公司发生违规行为或危机时的补救措施。这可以包括对扰乱市场秩序的行为的处理和对个别保单纠纷的调解与仲裁等。

需要指出的是，对于保险公司的不当乃至违法行为，金融厅主要通过常规化监管来发现、纠正，宗旨是促成及时的改进。金融厅及各地财务局设立了在线"金融监管信息收集窗口"，向全社会收集保险公司和其他金融机构的相关情报。信息提供者可匿名提交情报，并选择是否授权金融厅向相关保险公司公开情报内容（信息提交格式见表 2-7）。此类情报可能仅作为常规化监管所收集信息的补充，用于金融厅现场检查或督促保险公司进行内部监察，而不会直接启动调查程序。如果保险业界出现较隐蔽、大规模、社会危害较大的违规违法丑闻，则不再限于金融厅一个部门，而可能需要司法机关的介入、成立独立调查委员会等程序（相关详细内容将在案例部分中涉及，详见第三章第四节"监管案例"）。另外，金融厅也设有"金融行政意见接受窗口"等，接受对监管部门的意见、建议和投诉。

金融厅无权对个别交易的投诉进行调解。金融厅及各地财务局在接到相关投诉时，应引导投诉者诉诸争议调解机构。《保险业法》指定的争议调解机构是保险公司的行业协会，即人寿保险协会和财产保险协会（详

表 2-7　金融监管信息收集窗口信息提交格式

对象金融机关名称	
对象分店/分公司名称	
情报分类	（当对象为保险公司时） 关于保险产品的说明和销售 关于保险金给付 关于保险合同的续约、修改或取消 关于咨询或投诉的处理　　　　事例・解释・说明 关于客户信息处理　　　　　　　（附件） 关于遵守法律法规 关于风险管理 关于经营管理 其他
情报内容	（请尽量限于 2500 字以内）
向当事金融机构公开的授权	

资料来源：日本金融厅「金融庁に設置されている各種窓口のご案内」。

见下文）。对于在监管方面有参考价值的投诉，各地财务局须记录其内容，每年 3 月末汇总，4 月末以前报告金融厅。另外，金融厅可以从行业协会获得关于争议调解的统计资料。这些材料一般情况下只供参考，但也可能在现场检查与评估时被纳入考量，也有可能引发监管部门的行政处置。

（三）行业协会的角色

如前所述，保险业的行业协会是行业监管的重要一环。行业协会接受以金融厅为代表的政府部门的监督，并以自愿为基础，以促进行业内的公平、健康发展和履行企业社会责任为目的，制定更加精细的行业规范，约束各保险企业的行为。

1.人寿保险协会（一般社团法人生命保险协会）

人寿保险协会是日本人寿保险公司的行业组织，发端于 1898 年的"生命保险会社谈话会"，正式成立于 1908 年。二战期间曾被政府接管，战后经过改组，重新确定组织方式和目标职能并延续至今。协会的宗旨是：维持日本人寿保险业的可靠性，促进行业健康发展，为提高国民生活水平做出贡献。其主要职能包括：

・提供有关人寿保险业的信息，增进社会理解；

・提供人寿保险业相关的咨询、投诉处理和争议调解；

・帮助实施能促进人寿保险业健康运营的制度；

・提供对人寿保险业从业人员的教育培训、考试和资格认证等；

・组织关于人寿保险业理论和实务的调查研究；

・与人寿保险业相关的政府部门和其他组织沟通交流；

・促进人寿保险企业履行社会责任；

・开展有助于实现协会宗旨的其他业务。

人寿保险协会的会员是在日本从事人寿保险业的全部公司（目前即从金融厅取得执照的 42 家公司）。协会由理事会领导，理事会有会长 1人，由日本人寿保险公司、第一人寿保险公司、明治安田人寿保险公司、住友人寿保险公司的总裁轮流担任，任期一年；有副会长 2 人，理事 18人，均为各人寿保险公司总裁。另设监事 4 人，由人寿保险公司总裁及专业律师担任。理事会下设不同的专门委员会、地方协会、事务局、监察室和人寿保险咨询处。

人寿保险咨询处是《保险业法》指定的人寿保险业争议调解机构。该处直接受理人寿保险业合约、理赔等各种相关纠纷和投诉，在投保人、受保人和保险公司之间进行调解。调解不成者，该处设有仲裁审查委员会（"裁定审查会"），由人寿保险咨询处工作人员和金融保险业界专业律师、消费者事务顾问组成，组成人员必须和任何人寿保险公司均无利益关系，是独立的第三方仲裁机构。同时，人寿保险咨询处又设有外部专家学者组成的仲裁咨询委员会（"裁定諮問委員会"），监督仲裁审查委员会的运作并提供专业意见。

人寿保险协会在法律法规基础上，通过协商制定共同的行动指南和行业准则，开展行业监督。这些准则主要包括信息安全、客户隐私保护、合同和书面材料规范化、从业人员培训、两性平权、节能减排等方面的内容。

2. 财产保险协会（一般社团法人日本损害保险协会）

财产保险协会是日本财产保险公司的行业组织，由 1917 年成立的

"大日本火灾保险协会"、1920 年成立的"日本海上保险协会"和 1927 年成立的"船舶保险协同会"于 1941 年合并而来。二战期间曾被政府接管，战后于 1946 年改组并延续至今。协会的宗旨是维持日本财产保险业的可靠性，促进行业健康发展，为建立一个更加令人安心、安全的社会做出贡献。其主要职能包括：

- 促进财产保险知识的普及和对财产保险的理解；
- 提供财产保险业相关的咨询、投诉处理和争议调解；
- 帮助提高财产保险业的业务品质；
- 促进财产保险业的健康发展；
- 帮助预防事故、灾害和犯罪；
- 提供与财产保险业有关的培训、考试和资格认证等。

财产保险协会下设的财险 ADR（Alternative Dispute Resolution）中心是《保险业法》指定的财产保险业争议调解机构，负责处理财产保险业合约、理赔等各种相关纠纷和投诉，在投保人、受保人和保险公司之间进行调解。调解不成者，则由该中心选派独立的争议解决委员会进行仲裁。委员会通常由金融保险业界专业律师、消费者事务顾问和学者等组成。

同人寿保险协会类似，财产保险协会也制定行业准则和行动指南，并敦促企业遵循其指导、接受其监督。

3. 保险经纪人协会（一般社团法人日本保险仲立人协会）

1995 年《保险业法》的改革新增了保险经纪人（"保险仲立人"，insurance broker）制度。该制度来自欧美各国，保险经纪人的职责是"受投保人委托，致力于为其挑选最合适的保单"。保险经纪人独立于保险公司，是保险购买者的独立代理人。保险经纪人和保险代理店的区别是，保险经纪人代表购买者的立场，以维护客户的利益为前提促成交易，代表客户与保险公司签约，并在理赔事项中代表客户；保险代理店则是销售方（保险公司）的代理人，代为贩卖保险产品，自己直接和购买者签约。《保险业法》中详细规定了保险经纪人的资格取得和注册制度，以及对保险经纪人的监管办法。在日本，保险经纪人通常组建或加入保险经纪公司，为客户提供服务。保险经纪人和保险代理店的区别可见表 2-8。

表 2-8　保险经纪人和保险代理店的对比

保险经纪人	Buyers' Agents	接受消费者委托，代为挑选保险产品，代表客户与保险公司签约。
保险代理店	Sellers' Agents	接受保险公司委托，代为销售保险产品，与消费者签约。

资料来源：作者整理。

保险经纪人协会作为行业组织，成立于 1997 年 12 月 9 日。协会会员为保险经纪公司，2020 年会员公司共 48 家。协会的主要职能包括：

·指导和促进保险经纪人依法从业；

·对保险经纪人制度进行调查研究、开展教育和培训；

·进行保险经纪人资格评估测试与认证；

·出版保险经纪人相关期刊和学术著作；

·组织会员和相关组织、团体的信息交流、咨询与合作；

·与上述事项相关的其他事务。

保险经纪人协会由理事会管理，下设事务局、会员服务委员会和公共关系委员会。协会负责制定行业规范和从业标准、运营资格测试，并督促保险经纪人向监管部门提交事业报告、接受审核等，承担着行业监督的功能。

4. 保单持有人保护组织（保険契約者保護機構）

在保护保单持有人利益方面，根据《保险业法》的规定，为在保险公司发生破产时有效保护保单持有人的利益，须成立保单持有人保护组织（"保険契約者保護機構"），作为一种安全网（safety net）制度。因此，于 1998 年 12 月 1 日，经由首相和财务大臣认可，成立了两个此类社会组织，人寿保险业和财产保险业各一个。组织的会员是各保险公司。根据法律，取得牌照在日本经营人寿和财产保险业务的全部公司（除法律特别规定免除加入义务者外，如专门经营再保险的公司等），均须加入保单持有人保护组织。组织的主要功能是在保险公司发生破产、重组、并购等情形时，保护保单持有人的利益，对相关过程进行监督，必要时提供资金援助。

保险保单持有人保护组织由各会员公司的代表选出理事会和监事，

经首相和财务大臣认可后就任，负责日常事务的处理和监督。有理事长
1 人，理事 2~10 人，监事 1~3 人，任期 2 年，可连任。由理事会组织运
营委员会和评价审查会以备咨询，审议组织运营的重要事项，评估破产
重组当事企业的财务状况等。理事会每年召集各会员保险公司召开总会，
确定预算。总会须有首相及财务大臣指定的代表人员出席。

保单持有人保护组织的资金来源是会员缴纳的会费。组织每年召开
会员大会通过预算，并确定会费的总额，再根据各会员公司的业务规模
和业绩水平（如年保费收入等）分配各会员应缴的金额。会费的总额度
基本保持恒定，但当大部分会员遭遇金融环境恶化带来的财务危机时，
组织可以削减会费总额，并向政府请求援助。例如，1999~2011 年，除
了 2003 年、2004 年两年进行了削减外，年会费总额均为 460 亿日元。
会费必须全额如期缴纳，逾期会被处以罚金。保单持有人保护组织可对
其资金进行资本运作，但只能购买国债、首相和财务大臣指定的证券、
指定金融机构存款，以及首相和财务大臣许可的其他方式。保单持有
人保护组织可以举借有息贷款，由政府担保；必要时，有可能获得财
政补助。

二 监管内容

日本对保险业监管的目标与重点包括市场行为监管和偿付能力监管。
前者主要指对保险公司的市场准入、业务范围、产品开发、保费费率等
方面的监管；后者则在于对保险公司的资产管理和偿付能力的管理与评
估。监管部门不直接干涉保险公司的内部运营，仅对各企业的财务状况
实施监测，保证其偿付能力，以保护保单持有人的利益。经营不善、资
不抵债的保险公司可以破产，法律规定了在企业破产时对保单的接收和
对保单持有人的补偿机制。

（一）市场监管

1995 年改革被称为日本保险业监管的"自由化"改革，即监管放开
的改革。体现在市场监管方面，主要包括由寿险和财险严格分业经营向
混业经营的转变，以及放开不同体制（"相互制"和"股份制"）保险公
司相互转化的限制。

1. 市场准入与业务范围

根据《保险业法》，所有保险公司须由内阁总理大臣（首相）颁发牌照。颁发牌照前，监管部门要从公司的组织基础的角度，审查公司是否具备牢固的财务基础、良好的收支前景、人员基础（知识/经验）、社会信用等。

申请保险公司经营牌照需要准备非常详细的书面资料。牌照申请要提供的基本信息包括：公司名称（必须包含"人寿保险"或"财产保险"的基本信息）；资本金或基金的总额；公司领导层名单，包括董事和监事；申请的牌照种类（人寿保险或财产保险）；公司本部所在地。附加文件包括：公司章程；商业计划；一般保险合同；保费和责任准备金的计算方法文件。监管部门对保险公司的资格审查包括以下几个方面。

第一，财务基础。牌照申请者要拥有能够合理有效地开展保险业务的资本基础，并且其业务要有良好的收益前景。作为最基本的要求，1995年《保险业法》的改革大幅度提高了对保险公司资本金的要求。根据现行法律规定，保险公司的资本金或基金总额必须至少为10亿日元（约合4,922万元人民币）。但业界通常认为，目前一家保险公司需要准备的资本金最好在100亿日元（约合4.92万亿元人民币）以上。最后，《保险业法》的现行实行规则要求财产保险公司在成立5年内要实现盈利，人寿保险公司在10年内要实现盈利。

第二，经营者的资质。执照申请者要拥有符合要求的公司管理层，拥有足够的知识、经验和良好的社会信用，使公司能公正、准确、有效地开展保险业务。一个保险公司必须设置董事、监事和审计师职位，审计师要有专业资质。董事会成员的资质无明确规定，由监管部门具体审核。对保险销售人员的专业资质规定详见下文。

第三，一般保险合同的内容（将经营的保险产品）。所有保险合同，必须包括保护保单持有人等（包括投保人、被保险人、保险金受益人等）的内容；不得对特定人员有歧视；不得有诱导或助长损害公序良俗行为的内容；必须明确规定保单持有人等的权利和义务；必须符合监管机构公布的其他要求。无论是牌照申请时还是取得牌照后，保险公司开发的所有保险产品均须向监管部门报备，由监管部门审查，确保其在保护保单持有人利益和防范道德风险两方面上取得平衡。为了更好地给保险公司提供指导，金融厅每年会收集整理保险产品审查中注意到的问题和相关案例，隐去具体公司信息，制作"保险产品审查案例集"并公布（举例见表2-9），以提示保险公司开发新产品时所应注意的要点。

第四，关于保费和责任准备金的计算，要求给出基于精算理论和惯例的计算方法说明；保费不得对特定人群有歧视或不当的差别待遇；必须符合监管机构公布的其他要求。这项要求需借助精算师的专业技能，通常要求保险公司有全职的精算师团队专门负责。

表2-9　保险产品审查案例举例

问题	监管部门评价
在销售外币计价的医疗保险时，合同前交付的文件中写有"有时通过存款等其他方式为疾病做准备可能更有利"。此外，为了提醒客户，还明确给出了按不同汇率支付的住院给付的例子。公司还决定对保险销售进行全面教育，确保他们有能力充分解释外币计价产品的利弊。	以外币计价的产品具有比目前以日币计价的产品更高的预期利率的优势，但也有可能由于汇率原因，得到的给付额换成日元后会变少（日元升值造成的损失）。为此，希望保险销售在讲解保险产品的同时，也能注意到还有其他有效的投资方式来满足客户的保障和储蓄需求，从而帮助客户选择符合自身需求的理财产品。
对于入院或出院时提供一次性现金给付的医疗保险，其最高赔付额度的规定是：一次性支付的医疗费用总额不超过入院和出院时的实际自付标准。	如果一次性支付的现金给付额度过高，一旦发生保险事故，自付的费用过高，就会增加道德风险。因此，根据高额医疗费制度限定的自付额度设定一个上限，被认为是合情合理的做法。

资料来源：日本金融厅监督局保险课「平成31年3月保险商品审查事例集」，2019。

一度人寿保险公司和财产保险公司的牌照申请具有严格的排他性，一家公司仅能申请一种牌照，不得混业经营。但1995年改革后，人寿保险公司和财产保险公司均被允许以建立子公司的方式进入对方的经营领域，其后又放开了寿险和财险公司自由经营第三分类（健康类）保险产品。

保险公司不仅可以开展自己的业务（保险承保和资产运用），还可以开展附属业务（代理另一家保险公司的保险相关业务或代行事务、债务担保等）；以及法律允许的"法定他业"（公司债券的委托销售和管理、

保险金信托业务等）。与银行法类似，原则上禁止保险公司从事上述业务
以外的其他业务，以减少经营其他业务的风险，避免影响保险业务。但
是，保险公司旗下的子公司（母公司占有股份 50% 以上）可以从事金融
业务、金融业从属业务和金融业关联业务（见表 2-10）。

表 2-10　保险公司的子公司可以从事的业务举例

金融业务	金融业从属业务	金融业关联业务
保险公司业务、小额短期保险业务，银行业务、长期信贷银行业务，专门从事资金转移的公司（汇兑公司）业务，证券公司业务、证券经纪公司业务，信托公司业务，从事保险业的外国公司业务，从事银行、证券或信托业务的外国公司业务。	与公司职员福利有关的业务，采购和管理其他业务相关物品，与其他业务相关的广告和宣传活动，其他业务用车运营、保养、检查等，与其他业务相关的调查与情报提供服务，与其他业务相关的客户服务，公司房产的租赁、管理和维护等服务，对业务伙伴的现金、支票、票据等的收集和交付等服务。	代理另一家保险公司的保险相关业务或代行事务，保险销售业务，调查保险事故及其他与保险合同有关的事项，对保险销售人员进行培训，提供与老人福利、残疾人福利相关的服务，运营用来保持健康的运动设施、利用温泉来增进健康的服务设施等，提供贷款或贷款中介服务，融资租赁业务，投资信托管理公司或资产管理公司的业务，投资咨询服务或委托投资合同服务，抵押品评估与管理等，幼儿园运营，旧货和古董拍卖。

资料来源：日本金融厅「保険企画室説明資料（平成 24 年 8 月 24 日）」、2012；上原純「保険業法上の規制緩和」『保険学雑誌』第 639 号（保険自由化 20 年特集），2017，第 107~125 页。

金融厅作为监管部门，有权针对保险公司的违法、违规行为，以及重大财务风险，对其进行行政指导或行政处分，其中最严重的包括要求停业整改和撤销牌照。

2. 公司类型

日本的保险公司主要有股份制公司和相互制公司两种类型。相互制保险公司（"相互会社"）是根据互助保障的原则，由保单持有人共同所有的保险公司，可以理解为"合作社"。被保险人（称为"社员"）同时为保险人，无资本股份或股东，由保单持有人（社员）选举董事会进行

管理。公司收入除去支付营业开支，余额以保单分红形式返还给保单持有人（社员）。相互制保险公司的治理结构可见图 2-3。1900 年第一版《保险业法》即制定了相互制保险公司的监管规范。1995 年《保险业法》改革放松了对相互制保险公司的一些限制，如允许提供面向非社员的、不分红的保险合同（此类保单保费收入不得超过总保费收入的 20%）；以及在实际经营中可以为公司的发展而留存一部分余额不予分配（允许留存余额从原来的 10% 上升到寿险公司的 20% 和财险公司的 40%，2002 年又改为最高允许留存 80%）等。但是，这些改革也削弱了相互制公司的"互助保障"与"社员平等"性质，引起了一些质疑和争议。股份制保险公司与相互制保险公司的对比可见表 2-11。

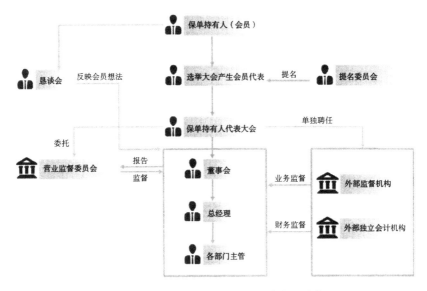

图 2-3　日本相互制保险公司的治理结构

资料来源：日本人寿保险公司，转引自信璞投资潇竹、余安琪：《日本保险业研究报告》。

表 2-11　日本股份制保险公司和相互制保险公司对比

指标	股份制公司	相互制公司
性质	营利法人	非营利法人
资本	资本金（股东出资）	基金（一般债权人出资）

指标	股份制公司	相互制公司
成员	股东	社员（同时也是被保险人）
决策机关	股东大会	社员大会
保险关系	营利保险	相互制保险（投保的同时成为社员，但1995年改革后，也允许有面向非社员的保险合同）
利润（余额）归属	股东	社员

资料来源：丸山高行「生保相互会社の業務多角化と株式会社化」『証券経済研究』第95号，2016，第89~108页。

与股份公司相比，相互制保险公司在融资渠道方面有更多限制，因此应对财务危机时的力量相对较弱。1995年改革后，法律允许相互制保险公司转制为股份制保险公司。但如果有超过20%的保单持有人反对，则不能进行转制。随后，有5家相互制保险公司转制为股份制保险公司（见表2-12）。

表2-12 转制为股份制保险公司的相互制保险公司

公司名称（转制后）	转制时间
大同生命保险株式会社	2002年
太陽生命保险株式会社	2003年
共栄火災海上保险株式会社	2003年
三井生命保险株式会社	2004年
第一生命保险株式会社	2010年

目前日本还有5家相互制保险公司，均为人寿保险公司。这5家公司均在人寿保险业10家行业龙头企业之列，详见表2-13。

表 2-13 日本现有的相互制保险公司

公司名称（日文）	成立时间	总资产（2020年）	客户数（2020年）	现存保单年换算保费（2020年）	第三分类（健康类）保险年换算保费（2020年）
日本生命保险相互会社	1947年（前身创立于1889年）	85.59万亿日元	1,447万人	4.51万亿日元	
明治安田生命保险相互会社	1947年（前身创立于1880和1881年）	7.37万亿日元	1,208万人	2.67万亿日元	
住友生命保险相互会社	1947年（前身创立于1907年）	41.9万亿日元		2.8万亿日元	
富国生命保险相互会社	1923年	1.95万亿日元		5,488亿日元	1,162亿日元
朝日生命保险相互会社	1947年（前身创立于1888年）	5.54万亿日元		5,212亿日元	2,214亿日元

数据来源：作者根据各家公司 2020 年度报告整理。

（二）偿付能力监管

偿付能力监管，指监督保险公司是否有能力在将来支付合约规定的保险金。它主要分为两个部分：一是对保险公司资金水平的评估；二是对资产运用的监管，保证保险公司安全可靠地维护其资产，以履行未来保险责任。

受到 1985 年《广场协定》与其后 20 世纪 90 年代的泡沫破裂两个冲击，加上日本保险公司本身的产品设计和投资结构等方面的隐患，许多保险公司逐渐出现严重财务问题。1997~2001 年，日本共有 8 家保险公司破产。这是日本保险业历史上一次著名的"破产潮"，引发了监管部门对保险业监管的重要政策调整。而现行针对保险公司偿付能力的监管办法，就是在这个过程中逐渐确立的。

1.责任准备金和边际清偿力比率

责任准备金（deposit for duty of reinsurance）是指保险公司为了承担未到期责任和处理未决赔付，而从保费收入中提存的一种资金准备。它是保险公司的负债。使用保险精算技术，基于对风险因素的评估，可以计算责任准备金的应有水平。根据法律规定，金融厅委托日本精算师协会制作"标准生命表"，计有 3 种，据以计算普通寿险、年金险和健康险的准备金。最新的一版是"标准生命表 2018"（"標準生命表 2018"），2018 年 4 月开始起用。

1995 年改革之前，监管部门在审核保险产品时，先核定其费率的计算方法，再责成保险公司根据费率计算保险准备金，因此，当保险公司就保费费率发生价格战时，就会对保险准备金水平产生相应影响，使准备金的稳健性下降。改革之后，监管部门先根据"标准生命表"，公告责任准备金计算的基准利率（预定死亡率和预定利率），再审核保险产品的保费计算方法。这样变更了审核顺序后，一方面在定价上扩大了企业的自主权，另一方面确保了责任准备金计算的独立性。

2. 边际清偿力比率和早期预警系统

边际清偿力比率（solvency margin ratio）是监管部门判断保险公司是否有能力应对无法预测的风险的指标。[①] 表 2-14 说明了监管部门对各保险公司该指标的评级和处置方式。这项指标是为了降低保险业风险，在1995 年改革后的《保险业法》中新引入的。每年 3 月财年决算期末时，保险公司均须公布该指标及其计算过程，并上报金融厅。此后于 1998 年，法律修订中又增加了"早期预警措施"，规定了监管部门针对边际清偿力比率低下的保险公司的及时处置措施。保险产品比较网站及一般资讯网站也会收集保险公司公布的数据，制作各公司排名，以供消费者和投资者参考。

---

① 边际清偿力比率公式为：边际清偿力比率 $= \dfrac{\text{总边际清偿力数值}}{（\text{风险总和} \times 0.5）\times 100\%}$ 其中，总边际清偿力数值 = 自有资本（包括资本、资本公积、保留盈余）+ 价格变动准备金 + 危险准备金 + 一般贷款呆账备抵 + 其他有价证券的评估差额 + 不动产（土地）投资未实现损益 + 解约偿还金相当额超过部分 + 红利准备金未给付额度 + 负债性资本调度手段等 + 未来收益 + 税效相当额 + 负债性资本之扣除项目。
风险总和 $=[R_1^2 +（R_2+R_3+R_7）^2]^{0.5}+R_4$（寿险），或 $[R_1^2 +（R_2+R_3）^2]^{0.5}+R_4+R_5$（产险）。其中 R_1= 核保风险：因承保业务理赔所带来的风险；R_2= 利率风险：投资收益低于预定利率的风险；R_3= 资产管理风险：可再区分为价格变动风险、信用风险、子公司等风险、衍生性商品交易风险与再保险风险；R_4= 经营管理风险：经营业务超过正常预期的风险；R_5= 巨灾风险：大灾难过后的大幅理赔的风险；R_7= 最低保证风险：变额寿险与变额年金每期给付额的风险。

表 2-14 边际清偿力比率的评级和处置方式

分类	边际清偿力比率	处置方式
类别一	100%~200%	为确保经营的健全性，命令该公司提出与实行被认定为合理的改善计划。
类别二	·0~100% ·若在 0 以下，实质净资产（股东权益减去价格变动准备与或有准备等准备项目）>0	边际清偿力比率落于此区间的公司必须执行下列充实保险金支付能力的措施： 提出与实施被认定具有合理性之充实保险金支付能力计划； 禁止配发股利或配发高级主管奖金或抑制其额度； 禁止保单分红、对员工分配红利、股利或奖金，或抑制其额度； 抑制事业经营费用。
类别三	·0 以下 ·若为 0 以上，但实质净资产小于 0，亦分到此类别	限定期限命令该公司停止部分业务或全部业务。

注：边际清偿力比率不超过 200%。

资料来源：转引自台湾财团法人保险安定基金《日本保险业预警制度之研究》，2009。

3. 资产运用规定

日本现行法律规定，保险公司的资金可以投资于以下资产：日本国内证券，如国债、政府债、公司债、股票、信托、商业票据等；房地产；贷款（一般贷款和保单贷款）；银行存款或邮政存款；货币信托、证券信托或地产信托；用于对冲风险的少量衍生工具等。日本曾以总资产为参照规定了各类资产运用的规模比例（见表 2-15）。

表 2-15 2012 年以前日本对保险公司各类资产运用规模限制

类型	规模（占总资产的比例）
国内股票	不超过 30%
房地产	不超过 20%
外国证券	不超过 30%
单一主体发行的资产投资	不超过 10%
发放附有担保责任的贷款（对单一机构或个人）	不超过 3%

资料来源：日本财产保险协会，转引自信璞投资潇竹、余安琪：《日本保险业研究报告》。

但是，2010 年金融厅在《振兴金融资本市场和金融产业的行动计划》中决定放弃以上比例限制，在 2012 年对《〈保险业法〉施行规则》的修订中正式取消了对各类资产运用的规模限制。

（三）理赔纠纷处理与保单持有人权益保护

日本保险业的一般纠纷处理和保单持有人保护工作主要由社会组织承担。

1. 纠纷处理

如前所述，保险业行业协会肩负行业监督职能，可以接受保单持有人的投诉，帮助促进保单持有人和保险公司的沟通，调解二者之间的矛盾纠纷；并进一步敦促企业提升服务水平、注意保护客户的权益。

当纠纷调解不成时，则可能进入民事司法程序。由于金融商品和服务的多样化和复杂化特点，其相关纠纷在通过诉讼手段进入司法解决时，当事双方在时间和金钱上的负担往往较重。因此针对一般的保单纠纷处理，以及暂时不必进入司法程序的情况，日本在 2009 年创立了"庭外纠纷解决制度"，也就是"金融 ADR（Alternative Dispute Resolution）制度"。其特点是程序简单、手段富有弹性、专业性强、注重信息和隐私保护、费用低廉。其主要目标是在充分尊重双方诉求的前提下，以最快的速度和最低的成本得出仲裁结论，使纠纷双方达成和解。

在日本，金融监管部门指定社会组织——如保险业行业协会等——承担这项工作，并负责监督仲裁程序的中立性、公正性和客观性，为这项制度的权威性和公信力背书。《保险业法》也规定，保险公司有义务加入监管部门指定的纠纷调解机构，即行业组织，成为会员。必要时，应遵照程序提交相关材料、回答询问、做出说明、依法回应仲裁结果。如保险公司违反如上义务且无正当理由，则行业协会可公开违规企业名单，并向监管部门报告，要求监管部门进行处理。

对保险业行业协会来说，保单纠纷处理工作分为调解和仲裁两个阶段，调解不成方进入仲裁。仲裁往往采用两级制度，即初审和复核，以确保得出公平公正的结论。为了简化手续，保险行业协会现接受邮寄相关文书材料，其纠纷处理部门在全国各地设联络处，可让当事人在联络处以远程连线的形式接受调解和询问。调解和仲裁结果也可通过邮寄书面传达。图 2-4 显示了人寿保险协会处理保单纠纷的基本流程。从图 2-5 可以看出，在人寿保险协会的努力下，各保险公司在客户服务和消费者权益保护方面有所改善，需调解的纠纷件数呈下降趋势。而同时，图 2-6 显示，由于 2009 年金融 ADR 制度建立，人寿保险协会对保单纠纷的仲裁具有了权威性，同时成本又较低，所以得到了纠纷当事人的接受和信任，仲裁申请数大幅增加。

图 2-7 显示了人寿保险协会 2020 年仲裁结果的构成，其中双方未和解但仲裁得出结论的占 52%，达成和解的约占 30%。

图 2-8 和图 2-9 则显示了一般纠纷仲裁流程所需要的时间，可以看出大多数案件需要 1~6 个月的时间。

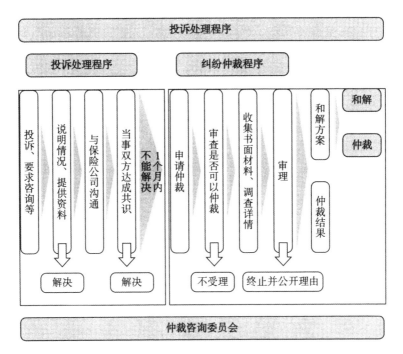

图 2-4　日本人寿保险协会保单纠纷处理流程

资料来源：一ノ瀬淳「保険契約者等の権利保護と生命保険分野の対応」『保険学雑誌』第 636 号，2017，第 53~72 页。

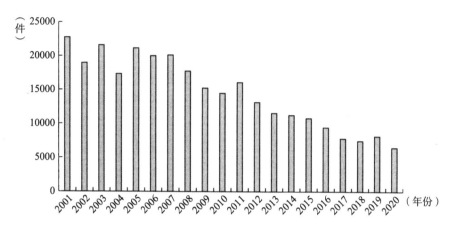

图 2-5　2001~2020 年日本人寿保险协会收到的纠纷调解申请数

数据来源：日本生命保险協会「生命保険相談所　相談所リポート No. 97」图表 1，2020。

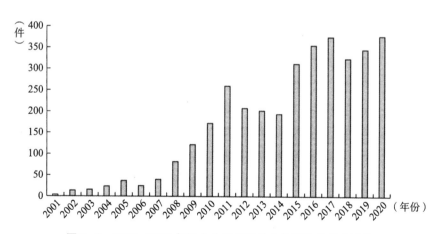

图 2-6　2001~2020 年日本人寿保险协会收到的仲裁申请数

数据来源：日本生命保険協会「生命保険相談所　相談所リポート No. 97」5 【参考】，2020。

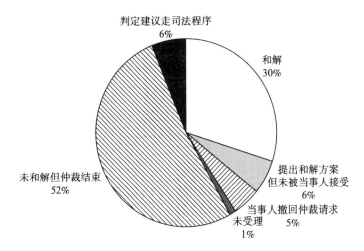

图 2-7 日本人寿保险协会 2020 年仲裁案件结果构成

数据来源：日本生命保険協会「生命保険相談所　相談所リポート No.97」图表 22，2020。

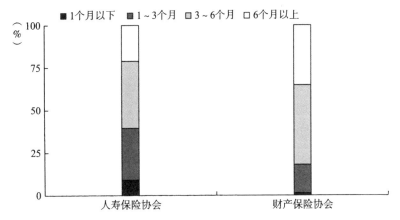

**图 2-8 日本人寿保险协会和财产保险协会
纠纷仲裁所需时间分布（2015 年 4~9 月纠纷数据）**

数据来源：平成 27 年（2015 年）12 月 4 日第 50 回金融トラブル連絡調整協議会資料，转引自一ノ瀬淳「保険契約者等の権利保護と生命保険分野の対応」『保険学雑誌』第 636 号，2017，第 53~72 页。

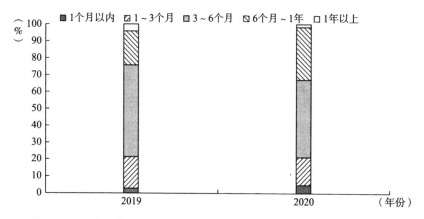

图 2-9 日本人寿保险协会 2019 年和 2020 年纠纷仲裁所需时间分布

数据来源：日本生命保険協会：「生命保険相談所 相談所リポート No.97」图表 24，2020。

2. 保单持有人权益保护

如前所述，在保险公司因经营不善等原因破产时，监管部门有责任保护保单持有人的合法权益。日本要求保险公司依法成立并加入保单持有人保护组织，缴纳会费，由行业共同承担保护保单持有人权益的责任。图 2-10 和图 2-11 展示了在保单持有人保护组织针对破产保险公司的保单持有人进行资金援助的两种做法，在有另外的保险公司接收破产的保险公司的保单时，保单持有人保护组织通常对接收公司进行资金援助。当无公司接收时，组织可以自行成立子公司专门负责接收保单。

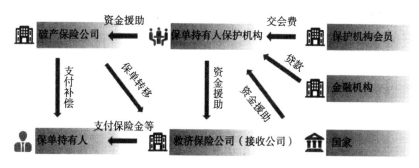

图 2-10 保单持有人保护组织行动流程概念图（有接收公司）

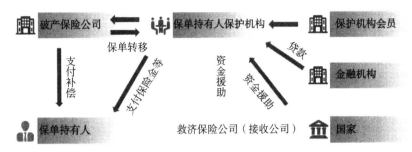

图 2-11　保单持有人保护组织行动流程概念图（无接收公司）

资料来源：作者根据相关法规整理作图。

　　表 2-16 举例展示了部分人寿保险公司破产清算时的数据。可以看出来自保单持有人保护组织的援助非常及时、援助力度较大，起到了重要作用。

表 2-16　日本部分人寿保险公司破产处理概况

公司	日产人寿	东邦人寿	第百人寿	大正人寿
破产处理开始日	1997.4.25	1999.6.5	2000.6.1	2000.8.29
资产	18,227 亿日元	21,900 亿日元	13,000 亿日元	1,545 亿日元
负债	21,256 亿日元	28,400 亿日元	16,176 亿日元	1,910 亿日元
债务超额	约 3,029 亿日元	约 6,500 亿日元	约 3,177 亿日元	约 365 亿日元
接收公司	The Prudential Life	AIG 爱迪生人寿	Manulife	大和人寿
救济实施日	1997.10.1	2000.3.1	2001.4.2	2001.3.31
来自保单持有人保护组织的资金援助	2,000 亿日元	3,663 亿日元	1,450 亿日元	267 亿日元
资金援助占债务超额数的百分比	66%	56%	46%	73%
责任准备金	不变	减少至 90%	减少至 90%	减少至 90%
预定利率	下调至 2.75%	下调至 1.5%	下调至 1.0%	下调至 1.0%

数据来源：日本金融厅「保険契約者保護機構（概要）」。

（四）对从业人员的监管

1. 保险销售

传统上，财产保险公司的主要销售渠道是保险代理店，而人寿保险公司的首要销售渠道是公司自有保险销售人员。二战后的初期，保险公司雇佣了很多战争寡妇作为兼职销售人员。在其后的经济快速发展阶段，由于家用电器的普及部分解放了家庭主妇的劳动力，而保险销售工作时间灵活、专业门槛较低，成为主妇寻求兼职的一大热门选择。这些女性销售人员多依靠比例佣金制获得收入，工作不稳定、流动性大、专业素质良莠不齐。因此自 20 世纪 70 年代起，日本逐渐开始加强对保险销售人员的监管，稳定雇佣关系，改革薪酬体制，提升销售人员素质，规范销售行为，以提高行业总体的服务水平。

日本目前实行保险销售人员登记制度。每个从事保险销售的职员须通过行业资格考试，向监管部门申报姓名、出生日期、所属公司或代理店及所在地、详细业务范围等信息，获得批准后方可从业。以上信息如有变更则须重新登记。

由于历史和传统等原因，日本的保险销售文化带有很强的人情色彩，合同成立的基础往往更多靠保险销售和客户的恩义人情等个人关系，而不是信息匹配之下的理性选择——客户对自己需求的准确认识，销售人员对保险产品的特色、风险和收益的充分介绍。由此带来的风险是客户和保险产品的错配，保单持有人对所购买的产品认识不充分，导致理赔纠纷增多，消费者满意度下降等。

2016 年 5 月 29 日开始实施的《保险销售准则》，是 1995 年改革以来对《保险业法》最大的一次修订，确立了保险销售人员必须履行的法律义务：意向把握义务、信息提供义务、意向确认义务和系统维护义务。不同于此前的法律仅列举保险销售的违规行为，即"不能做什么"，改革后的法律规定了保险销售人员"需要做什么"。此次改革的主要意义在于，首先，开启了以销售人员和客户充分对话为基础的保险销售规范；其次，提升了保险代理店的管理高度，使其服务趋向正规化、全面化；最后，更有效地监管非专属保险代理店对各家保险产品实行比较销售的行为，杜绝产品比较中的误导信息和欺诈行为。基于保险销售人员义务的保险合同签约流程见图 2-12。

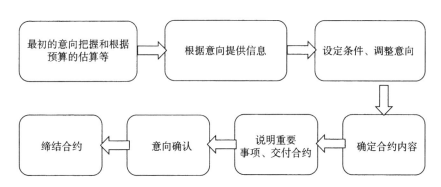

图 2-12 基于保险销售人员义务的保险合同签约流程

资料来源：栗山泰史「保険募集規制改革の背景と意義」『保険学雑誌』第 635 号，2016，第 1~20 页。

2. 保险经纪人

如前所述，保险经纪人制度是在 1995 年改革时，从其他发达国家引入日本的。对保险经纪人的监管，侧重点在于保证其服务的中立性和准确性，保护消费者的利益。监管内容如下。

（1）对保险经纪人实行登记制度，而保险经纪人的资格由其行业协会开设的考试认定。

（2）保险经纪人对客户有"诚实义务"。

（3）如果顾客要求，保险经纪人必须对其公开自己的佣金水平。

（4）如果在代理过程中给消费者造成意外损失，保险经纪人要负赔偿责任。因此对保险经纪人有保证金制度，须向法务部或地方法务局指定的保管机构存入保证金，金额为过去 3 年间佣金收入的总和，下限 2,000 万日元（约合人民币 98 万元），上限 8 亿日元（约合人民币 3,938 万元），保证金可以金融厅认可的有价证券形式存在，保证金高于 2,000 万日元的部分，可用来购买保险经纪人赔偿责任保险，动用保证金或申请保险经纪人赔偿责任保险赔付，须经金融厅认可，并受其监督。

（5）保险经纪人须和社会组织"保险监察员组织"（"一般社团法人保险オンブズマン"）缔约，由后者作为纠纷仲裁机构。

（6）保险经纪人每事业年度结束 3 个月之内，要向监管机构提交事业报告书。

（7）为避免利益冲突，保险经纪人不得兼营保险代理店或担任保险公司的职务，不得与保险公司或代理店有委托代理关系，不得与其共用办公场所，未经客户许可不得与保险公司或代理店共享信息。

自引进保险经纪人制度以来，由于极少发生需要提取保证金的情况，因此监管部门已经将保证金额度下限从最初的 4,000 万日元调整到 2,000 万日元。

（五）对小额短期保险业的监管

小额短期保险制度由 2005 年 5 月 2 日颁布的《〈保险业法〉部分修改法》引入，自 2006 年 4 月 1 日起实施。其目的主要是将多数为地方性、社区性的非营利组织经营的小额、短期互助保险纳入《保险业法》的管辖范围，以规范其经营、保护保单持有人的权益。法律要求所有此类组织在 2008 年 3 月前转为正规的股份制或相互制公司，或申请获得"小额短期保险"牌照，否则必须停止招揽新的业务，现存保单在监管部门指导下另行处理（维持基本运营或将保单向其他公司转移等）。表 2-17 总结了日本对小额短期保险业的监管制度概况。

表 2-17 小额短期保险业监管制度

项目	对小额短期保险业的监管	对保险公司的监管
市场准入	向财务局登记即可 股份制、相互制均可 最低资本金：1000 万日元 营业保证金交存： 上一会计年度年保费 ×5%+1000 万日元 名称要明确为"小额短期保险公司"	向金融厅申请牌照 股份制、相互制均可 最低资本金：10 亿日元 名称要明确"寿险"或"产险"
寿险产险兼营	可以兼营	不可直接兼营
保险产品审查	业务方法说明、一般保险合同、(保费)计算方法说明 在自动续期型保险招标时，应向投保人送达保单期满后可复核保险费和保险金额的文件，并做出说明(取得投保人的签名或印章，表明已收到该文件)	业务方法说明、一般保险合同、(保费)计算方法说明
责任准备金等	与保险公司相同	

续表

项目	对小额短期保险业的监管	对保险公司的监管
兼营其他业务	原则上不得兼营，可经营附属业务和小额短期保险业关联业务	原则上不得兼营，可经营附属业务和"法定他业"
小规模企业监管	年保费收入在50亿日元以下	
资产运用	限于储蓄（不包括外币）、国债、地方债	原则上没有限制
外部监察	资本金达到3亿日元以上则需要外部监察	有外部监察
业务报告书（提交监管部门）	中期业务报告书（资本金3亿日元以上才需要）（全年）业务报告书	中期业务报告书（全年）业务报告书
信息公开	公开年度报告	公开年度报告
监管部门的检查与监督	与保险公司相同	
保单持有人保护机构	无要求	必须加入
指定争议调解机构	小额短期保险协会	人寿保险协会 财产保险协会
保险销售监管	与保险公司相同	

资料来源：一般社团法人日本少额短期保险协会。

第三章　重点问题与案例

一　日本的医疗服务市场

（一）医疗法的改革历程

日本现行的《医疗法》制定于1948年。其后，日本经历了社会办医的迅速发展，私立医疗机构数量不断增长。为了满足社会对医生、护士等医务工作者的需求，日本国家对医学教育实施了一定的鼓励和扶持政策，方式是规划公立的"一县一医大"，并扩大医科大学的招生规模。自20世纪80年代开始，日本医疗服务市场的发展面临的三个主要问题日益凸显：第一，不同地区间的医疗资源分布有较大的不平衡；第二，随着疾病谱变化，对慢性病治疗、长期住院和长期护理方面的需求不断增长；第三，1980年发生的"富士见妇产医院丑闻"使医疗服务市场一定程度上的无序竞争和管理混乱现象引起社会关注。该丑闻是富士见妇产医院无行医执照的"理事长"对患者进行欺诈并实施完全不必要的子宫、卵巢切除手术等"治疗"的损害患者健康以牟取暴利的恶性事件。

1985~2021年，《医疗法》共经历了8次修订，逐步完善了日本对医疗供方的管理体系，形成了现行的医疗服务市场格局。

1985~2000年的前4次修订，经历了从强调管制到逐渐放开的过程，同时加强了精细化管理。1985年的第一次修法引入了"地区医疗规划"制度（"地域医療計画"），由各都道府县规划自身的"必要病床数"，并在发放新建医院和新增病床的许可时予以一定限制。因此在规定实行前的宽限期内，一度出现了医院床位猛增的现象。新规定的主要目的是平衡不同地区间的医疗资源分布不均的现象，同时试图限制小型私立医疗机构的无序发展，即试图以政府规划的方式来加强对医疗资源配置的管制。

1992 年的第二次修法，主要内容是明确和细化不同医疗机构的职能分工。新设立了可以实施尖端医疗的"特殊功能医院"（"特定機能病院"）和可以负责慢性病长期治疗和护理的"疗养病床群"医院（"療養型病床群"）两种类别。这种管制方式通过设立"类别属性"对已存在的和将设立的医疗机构进行管理，从而鼓励医院向分工方向发展。既有医院经过申请并取得厚生劳动省的批准后可以获得这两种"类别属性"。

1997 年的第三次修法的主要内容，一方面延续第二次修法的思路，在诊所中也设置"疗养病床群（诊所）"分类；另一方面则强化各地区内部医疗机构的合作和分工。此次修法创立了"地区医疗支援医院制度"（"地域医療支援病院制度"），加强了地区内的医院和诊所医生、家庭医生之间的联系，提升了地区内医疗服务的效率和质量，使医疗资源配置更加合理。通过赋予一些医院"地区医疗支援医院"的资格，改变了对这类医院的管制方式，一方面给予其更多资源配置上的倾斜和医院经营上的自由度，另一方面为其设置与家庭医生之间的转诊率等各种精细化管理指标，以达成"地区支援"的目标。

2000 年的第四次修法，修正了 1985 年第一次修法时引入的地区医疗规划制度，将各地规定的"必要病床数"（许可制度）改为"基准病床数"（申报制度），即不再对医院和诊所新增病床的数量进行严格限制。同时，在区分医院和诊所功能的基础上，将病床也分为"一般病床"和"疗养病床"进行差别管理，即在医疗机构内部也区分不同属性的病床进行统计。最后，此次修法增加了对医院安全管理制度的规定，以及规定医生和牙医必须经过严格满两年期的临床训练。

2006 年的第五次修法是日本《医疗法》历史上最大的一次修订，是对此前医疗法改革趋势的集成，也为其后的三次修法确定了方向。第五次修法的主旨仍是促进医疗机构在功能上的分化和地区内的合作，以优化医疗资源配置、更好地满足公众的需求。主要内容包括：

（1）合理优化医疗资源配置，如修订医疗规划制度，改善地区间和专科间医生分布不均的问题；

（2）加强资源对家庭医疗服务领域的倾斜；

（3）重组推动社会办医的法律法规，如改革医疗法人制度（详见下文）；

（4）加强对医疗服务质量的管控，如指导《医师法》等的修订等，以提升医务工作者素质；

（5）规范医疗市场，如修订对医疗广告的限制、推进采取医疗安全保障措施等。

2014 年的第六次修法及紧随其后 2015 年的第七次修法，在第五次修法的各项改革基础上进一步推进，主要内容包括：

（1）合理优化医疗资源配置，如要求各都道府县根据已有的数据和预估的需求提出县域医疗愿景，更新厚生劳动省关于特殊功能医院（可实施尖端医疗的医院）资格认定的规定；

（2）继续加强对家庭医疗功能的开发，要求各都道府县的医疗规划中必须包含关于家庭医疗的内容；

（3）促进改革后的医疗法人制度的实施，细化财务等方面的监管规定，确保医疗法人经营的透明性；

（4）加强对医疗服务质量的管控，如促进临床研究等；

（5）规范医疗市场，如改善医疗机构工作环境、确保医护人员安全等。

2017 年，日本专门对"疗养病床"的管理进行了改革。继 2000 年公共长期护理保险制度的建立后，将医疗机构的"疗养病床"分为"医疗疗养病床"和"长护疗养病床"两类，以患者病情需要医疗处置的程度区分，前者的费用由社会医保支付，后者的费用由公共长期护理保险支付。而实际操作中，也有医疗机构要求两种保险混合支付的情形存在。2006 年，厚生劳动省开始组织讨论废除医院和诊所的"长护疗养病床"，将其转移到专门的长期护理机构。2017 年起，正式废止"长护疗养病床"这一小类，同时收紧了入住"疗养病床"的标准，实质上减少了可由社会医保付费的"疗养病床"的数量，即把更多需要医疗处置相对少的患者转移到长期护理机构。拟给予 6 年左右的过渡时间（到 2024 年 3 月），将可由公共长期护理保险支付的长期护理服务全部转移到专门的长期护理机构。

2021 年，日本议会通过了《医疗法》的第八次修订案，主要包括医生工作时间、医疗相关专业业务范围、医生培训、传染病防治，以及进一步加强地区内医疗合作、促进医院功能整合优化等方面的内容，在此不赘述。

（二）日本医疗市场的构成与发展

根据日本《医疗法》的规定，"医疗机构"（"医療施設"）包括医院、一般诊所和牙科诊所。根据厚生劳动省 2018 年的数据，日本共有医疗机构 179,090 家。其中医院 8,372 家，诊所（包括产科诊所）102,105 家，牙科诊所 68,613 家（2019 年为医院 8,300 家，诊所 102,616 家，病床共 1,620,097 张，牙科诊所 68,500 家）。日本和部分国家每千人享有的医疗资源情况可见图 3-1。

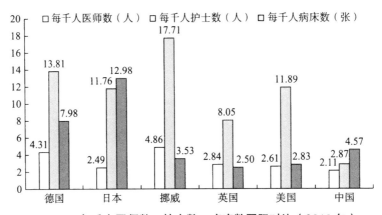

图 3-1　每千人医师数、护士数、病床数国际对比（2018 年）

注：美国的每千人护士数和其他国家统计口径略有不同，统计了国内所有拥有护士执业资格者，包括在管理岗位工作的护士。

数据来源：OECD Statistics.

1. 日本医疗市场的构成

经过多次对《医疗法》的修订，目前日本医疗服务市场的基本分类如表 3-1 和表 3-2 所示。划分"医院"和"诊所"的标准是病床的数量。对病床的管理根据功能，划分为一般病床、疗养病床、精神病床、传染病病床和结核病病床。但病床的分类不和医院的分类直接挂钩，对医院（和诊所）的分类管理，主要是赋予达到一定条件的医院某种资格，以使其能实现相应的功能。例如，拥有疗养病床的医院和诊所即可进行慢性病的长期治疗；在病床数等指标上达到标准的医院经过都道府县政府批准，可以承担地区医疗支援医院的职能；而少数大型教学医院等经厚生劳动省批准，可以成为实践先进和尖端医疗手段的特殊功能医院。

表 3-1　日本医疗机构的基本分类（2019 年）

医疗机构	医院	诊所（非牙科诊所）		
		有病床诊所	其中有疗养病床的诊所	无病床诊所
病床数标准	20 张以上	1~19 张	1~19 张	0
机构数合计	8,300 家	6,644 家	780 家	95,972 家

数据来源：日本厚生劳働省「厚生統計要覧（令和 2 年度)」第 2 编保健衛生，2020。

表 3-2　日本医院的分类（2019 年）

类别	一般医院	有疗养病床的医院	地区医疗支援医院	特殊功能医院	精神病医院	结核病医院
定义	拥有 20 张以上病床的医生等行医的场所	一般医院中可以进行慢性病长期治疗和护理的医院	一般医院中由都道府县知事逐一单独批准、有能力对家庭医生等基层医生进行支援、承担地区医疗保障任务的医疗机构	一般医院中由厚生劳动大臣逐一单独批准，有能力提供高级医疗服务、发展尖端医疗技术并开展相关研究和培训的医院，是医疗机构体系化建设的一部分	治疗精神疾病的专科医院	治疗结核病的专科医院
功能	一般的诊疗服务	一般诊疗服务和慢性病长期治疗和护理服务	为家庭医生和其他医疗机构提供转诊服务；提供医疗设备共同利用；提供急救医疗；为地区内的医生提供培训	提供如心脏手术、脏器移植等高级医疗服务；进行尖端医疗技术的开发和评估；提供关于尖端医疗技术的培训	治疗精神疾病	治疗结核病
诊疗科目	无特殊规定	无特殊规定	无特殊规定	拥有内科、外科、牙科等全部的基本诊疗科目	拥有精神科	拥有传染病（结核病）科

续表

类别	一般医院	有疗养病床的医院	地区医疗支援医院	特殊功能医院	精神病医院	结核病医院
病床数	20 张以上	20 张以上	原则上要达到 200 张以上	400 张以上	20 张以上	20 张以上
病床种类	无特殊规定	有疗养病床	无特殊规定	无特殊规定	有精神病床	有结核病床
机构数（2019）	7,246	3,662	618	87	1,054	无数据

数据来源：日本厚生劳働省「医療施設の類型」，2020；日本厚生劳働省「厚生統計要覧（令和 2 年度）」第 2 編保健衛生、2020；「特定機能病院として承認を受けている医療機関一覧（令和 4 年 4 月 1 日）」，2022。

按照厚生劳动省的统计方式，医疗机构按投资主体可以分为 6 大类（表 3-3）。不同的分类在税收和会计管理方面有所区别。

值得注意的一点是，表 3-3 中的"社会医保相关团体"兴办的医院，所列的团体通常只是出资主体，而不是经营主体，其兴办的医院可能不止一家。社会医保团体和医院均已实现法人化运营，而各医院有自己的理事会及专业运营团队。2019 年日本按投资主体分类的医疗机构数量见表 3-4。

表 3-3　日本医疗机构的投资主体

分类	具体投资主体	举例（仅为部分例子）
国家（中央政府）	厚生劳动省	国立汉森病疗养所
	独立行政法人国立医院机构	国立医院
	国立大学法人	国立大学医学部附属医院
	独立行政法人劳动者健康安全机构	工伤医院
	国立高度专门医疗研究中心	国立癌症研究中心中央医院
	独立行政法人地域医疗机能推进机构	JCHO 医院（注）
	防卫省	防卫医大医院
	法务省	医疗刑务所、医疗少年院
	宫内厅	宫内厅医院

续表

分类	具体投资主体	举例（仅为部分例子）
公共（地方政府等）	都道府县	都道府县立医院
	市町村	市町村立医院
	地方独立行政法人	公立大学医学部附属医院
	日本红十字会	红十字医院
	社会福利法人恩赐财团济生会	济生会医院
	社会福利法人北海道社会事业协会	协会医院
	厚生（医疗）农业协同组合联合会	厚生医院
社会医保相关团体	国民健康保险团体联合会	国民健康保险团体联合会医院
	健康保险组合及其联合会	健保联大阪中央医院
	互助协会及其联合会	KKR 医院（注）
	国民健康保险组合	综合医院厚生中央医院
	全国社会保险协会联合会	社会保险医院
	厚生年金事业振兴团	厚生年金医院
	船员保险会	船员保险医院
社会（医疗法人）	医疗法人	（略）
个人	个人	（略）
社会（其他）	公益法人	（略）
	学校法人	私立大学医学部附属医院
	社会福利法人	（略）
	医疗合作社	（略）
	公司（注2）	JR 医院、NTT 医院
	其他法人（宗教法人等）	（略）

注：JCHO 是地区医疗机能推进机构的简称；KKR 是国家公务员互助协会联合会的简称。一般情况下营利性公司不能直接投资开设医疗机构，此处的公司开设医疗机构是 1948 年《医疗法》施行前遗留的以及早期得到特殊批准的例外情况。

资料来源：日本厚生劳働省「医療施設調査・用語の解説」；篠原拓也「医療施設の設立形態－病院の開設者はどのように分類されるか？」（シンクタンクならニッセイ基礎研究所）。

表 3-4 2019 年日本医疗机构数量（按投资主体分类）

投资主体	医院数量（家）	占比（%）	诊所数量（家）	占比（%）	医院一般病床数量（张）	占比（%）
中央政府	322	3.9	537	0.5	116,886	13.2
地方政府	1,202	14.5	3,522	3.4	273,222	30.8
社会医保相关团体	51	0.6	450	0.4	14,843	1.7
社会（医疗法人）	5,720	68.9	43,593	42.5	331,813	37.4
个人	174	2.1	41,073	40.0	5,285	0.6
社会（其他法人）	831	10.0	13,441	13.1	145,789	16.4

数据来源：日本厚生劳働省「厚生統計要覧（令和 2 年度）」第 2 编保健衛生，2021。

2. 日本社会办医的发展与竞争性医疗服务市场格局

根据日本《医疗法》的规定，社会办医疗机构（医院和诊所）和长期护理机构是医疗法人，性质是"社团法人"或"财团法人"，必须是非营利性机构，出资方不得获得利润分红。社团医疗法人即由若干人各出资金、房产、医疗设备等，组成一个团体，以团体为基础成立的法人实体；而财团医疗法人是以个人或法人无偿捐赠的财产为基础组建的法人实体。医疗法人经过都道府县政府的批准即可成立。

根据厚生劳动省的数据，2019 年，日本全国共有医疗法人 53,944 家，其中医疗法人医院占医院总数的 68.5%，医疗法人诊所占诊所总数的 41.3%。医疗法人医院中的病床数占全国医院病床数的 55.6%，医疗法人诊所中的病床数占有病床诊所病床数的 74%。作为社会办医疗机构，医疗法人是日本医疗服务市场的中坚力量，其中绝大多数为社团法人。日本不同投资主体的医院、诊所、一般病床数量占比情况可见图 3-2~图 3-4。

2006 年修订、2007 年 4 月开始实施的经过第五次修订的《医疗法》，对医疗法人制度进行了改革。在修法前，对于医疗法人出资人撤资或医疗法人解散时资产的分配方式没有严格规定，导致社会资本仍可以利用医疗法人获利，或通过成立医疗法人达到避税的目的。此次修法即针对以上问题，规定此后新设立的医疗法人只能是"出资（不持股）型医疗法人"（"基金拠出型医療法人"），其特点在于法人建立时的出资方，在撤资或法人解散时，不再拥有按出资比例分配剩余资产的权利，而是只能拿回与当初出资金额相等的资产。剩余资产归属国家、地方政府或其他医疗法人。已经存在的财团医疗法人和持股型社团医疗法人，原则上要逐渐改组，转变成出资型医疗法人。

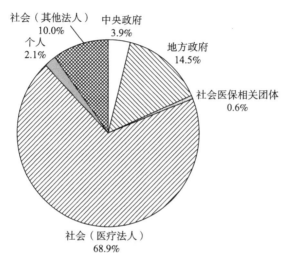

图 3-2　日本不同投资主体医院数量占比（2019 年）

数据来源：日本厚生労働省「厚生統計要覧（令和 2 年度）」第 2 编保健衛生，2021。

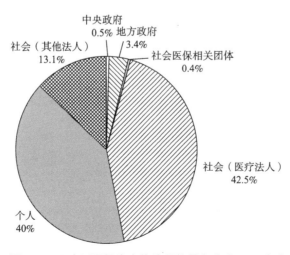

图 3-3　日本不同投资主体诊所数量占比（2019 年）

数据来源：日本厚生労働省「厚生統計要覧（令和 2 年度）」第 2 编保健衛生，2021。

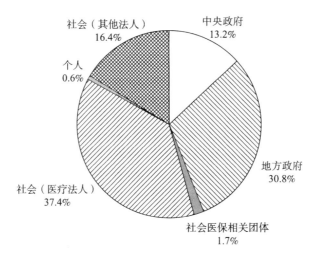

图 3-4 日本不同投资主体一般病床数量占比（2019 年）

数据来源：日本厚生労働省「厚生統計要覧（令和 2 年度）」第 2 編保健衛生，2021。

修法后，持股型社团医疗法人数量有所下降，但转变的实际进展缓慢。医疗法人总数仍呈上升趋势，增加的部分为不持股的出资型社团医疗法人，而其中绝大多数为诊所（见表 3-5、图 3-5）。日本的每 10 万人诊所数从 2005 年的 76.3 家增加到 2019 年的 81.3 家（见图 3-6）。但日本全国医院的数量则有所下降，其主要原因在于，厚生劳动省近年来开始鼓励门诊和居家医疗的发展，以及低级别的公立医院由于经营不善而关闭。

表 3-5 日本医疗法人的种类和数量（2005 年、2019 年、2020 年）

年份	医疗法人总数（家）	财团法人（家）	社团法人（家）		
			总数	持股型	出资型
2005	40,030	392	39,638	39,257	381
2019	54,790	374	54,416	39,263	15,153
2020	55,674	370	55,304	38,721	16,583

数据来源：小竹敦司「第 5 次医療法改正における医療法人制度改革」。日本厚生労働省「厚生統計要覧（令和 2 年度）」第 2 編保健衛生，2021。

图 3-5 日本医疗法人的数量变化趋势

数据来源：日本厚生劳働省「厚生統計要覧（令和 2 年度）」第 2 編保健衛生，2021。

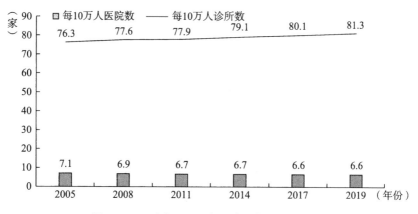

图 3-6 日本每 10 万人医疗机构数量的趋势

数据来源：日本厚生劳働省「厚生統計要覧（令和 2 年度）」第 2 編保健衛生，2021。

同时在 2006 年修法之后，日本新设立了一种"社会医疗法人"资格，是普通医疗法人中公益性较高的类型，即承担特定的公益职能并接受专门监管的医疗法人。这个类别主要是为了引入社会办医疗机构承担一部分曾由公立医院承担的职能，同时也获得部分公立医院的待遇。所替代的是长期处于亏损状态的市级公立医院的功能，使政府可以要求经营不善的此类低级别公立医院倒闭或接受改组等。社会医疗法人的特点主要有：

（1）与公立医疗机构共同承担急救医疗、灾害期间医疗、边远地区医疗、围产期医疗、儿科及儿科急诊医疗五大事业，提供公益性强的医疗服务；

（2）可以根据当前各都道府县的医疗规划得到其他医疗机构的支援；

（3）关于重要事项的决定由包含外部专家的评议会做出；

（4）受到强制性的财务监督；

（5）可以公开发行社会医疗法人债券；

（6）放松对管理层的薪酬、资本充足率和理事长资格的限制要求。

2006年修法以来，社会医疗法人的数量增加很快。根据厚生劳动省的数据，2019年取得社会医疗法人资格的医疗法人共有302个。它们已经代替了绝大部分低级别公立医院。

3. 日本的医药价格干预

日本对列入社会医疗保险目录的药品、检查和其他医疗用品均实行全国统一价格，价格由厚生劳动省组织的中央社会医疗保险理事会（"中央社会保险医疗协议会"）议定，每两年修订一次。该会由供方代表7人、支付方（保险方与患者方）代表7人、第三方代表（主要来自学术界）6人组成。社会医疗保险目录外的药品等则以市场价格为基础，由医疗服务供方自行决定。

日本早在1948年的《药事法》中就已经明确了医药分业的原则。当时美国占领军对日本医师协会、牙医协会和药剂师协会进行动员，并指导日本在1951年通过了《医药分业法》，1956年开始实行。但由于日本医师界的消极抵抗，医药分业实质发展缓慢。直到1973年，日本医师协会和药剂师协会通过协商达成共识，要求社会医保提高对"技术"的支付。1974年，社会医保大幅提高对医生的处方费（诊费）的保险支付点数（当年从6点提高到50点，即每张处方的处方费提高到约合500日元），医药分业开始取得实质进展。1978年开始，厚生劳动省又引入了对药师的配药行为进行支付的调剂技术费。通过这两个支付项目的设置，实现了"物品与技术分离"的政策目标。换言之，社会医保试图强调对医生诊断行为和药剂师配药行为的支付。通过这种思路，以满足医师协会和药剂师协会的要求，达成一定的妥协，促使医生处方流出，促进医药分业的实现。经过四十余年的努力，日本的医药分业率（流向药局的处方数占门诊处方总数之比）已经接近70%。

但是，医药分业的目标不是达到接近100%的医药分业率，而是要促进合理用药、保障患者的权益并控制总体的国民医疗费用。因此，在门诊处方中仍保留一定比例的医院内处方是必要的。例如，对药局分布不足、老龄化程度较高的地区来说，维持院内处方对患者更加方便。又如从治疗和临床研究的角度出发，较复杂的疾病往往需要医生和药剂师之间密切、及时的沟通合作，对于建立了深层医药合作体系的大型教学医院来说，院内处方更有利于精确掌控患者的治疗过程。另外，对于疑难杂症和罕见病的情况，一般的药局可能无法提供相关药物，此时也需要维持院内处方。因此，杜绝医疗机构销售门诊药品现象是不现实也不合理的。

因此1972~1982年，厚生劳动省对"药价基准制度"（"薬価基準制度"）进行了一系列改革，逐步确立了厚生劳动省主导药价调查的原则和方法。调查以医疗机构主动申报和厚生劳动省侧面调查相结合，在日本医师协会、日本药品批发商联合会等行业组织的配合下开展。曾经药价差利润（医疗机构购入价格与患者支付价格之间的差价）是医院和诊所的重要收入来源之一，因此带来了过度用药、倾向于选择高价药等问题。国民医疗费中的药费占比明显高于其他发达国家（一度日本的药品费用占国民医疗费用的45%，而欧美国家只有10%~20%）。而改革后通过药价调查，每两年就要检查并修订一次药品的社保支付价格，调整的目标是使保险支付价格与医疗供方的实际购买价格不断接近。加上社会医保在住院支付中引入DPC打包支付方式，可以削弱医院过度用药的动机。

二 "混合医疗"问题

（一）禁止"混合医疗"原则的历史与现状

禁止"混合医疗"原则，是随着1961年社会医疗保险实现全民覆盖开始确立的，与经济高速发展、国民收入差距缩小、公民运动高涨的背景下，社会医保体系高保障、广覆盖、重公平的建设目标相一致。在全民覆盖实现之前，由于社会医保覆盖面窄、筹资不足、支付能力有限，日本国民使用社会医保目录外医药服务的情况非常普遍,实施禁止"混合医疗"原则的条件并不存在。而随着社会医保目录的迅速扩容和社会医保诊疗给付比例的提高,社会医保运营方和医疗服务供方逐步达成妥协。一方面社会医保已经覆盖了全体国民,另一方面绝大部分的医生成为保险医师、医疗机构成为社会医保定点机构,禁止混合医疗原则才得以落实。

该原则的具体内容是,在对同一疾病的诊疗过程中,原则上不允许出现社会医保覆盖范围内的医疗项目和药品由社会医保支付、社会医保不覆盖的项目和药品由商业保险支付或自费支付的情形,即在已经接受了社会医保给付的疾病诊疗过程中,医疗服务供方不能在社会医保覆盖范围外,为社会医保目录外的服务和药品向患者单独收费。一旦发生这种收费,则针对该疾病的所有诊疗费用,社会医保都不再给付,一律转为患者自付(或由患者购买的商保支付)。换言之,患者一旦使用社会医保目录外的服务和药品,即视同放弃社会医保支付。

禁止"混合医疗"原则的主要政策目标,一是限制医疗机构向患者推销未经确认安全性和有效性的疗法和药品;二是避免支付能力更强的患者使用更多社会医保资金,破坏社会医保二次分配的制度功能。换言之,目的是尽量减少由患者收入不平等带来的医疗不平等。

1. 禁止"混合医疗"原则的放松过程

日本社会普遍认为,其社会医保目录有覆盖广、更新快的特点。《药事法》批准的药品几乎都能被收入社会医保目录,社会医保甚至还能支付部分在其他国家基本不包括在公共健康保险体系中的替代疗法,如针灸、按摩和中草药。这是禁止"混合医疗"原则得以落实的主要前提。

然而,随着社会医保体系财务负担的日益加重,以及人们对最尖端的、尚未进入社会医保目录的医疗技术和药品需求的增长,日本社会出现了针对禁止"混合医疗"原则的辩论。对"混合医疗"的管制逐渐放松,允许供方在社会医保给付的基础上就特定目录外技术和药品单独收费。具体过程可简述如下。

1984年,《健康保险法》改革正式明确了"特定医疗费"("特定療養費")制度。这是对禁止"混合医疗"原则的第一次放松,主要涉及社会医保尚未覆盖的新药和尖端疗法,以及社会医保不予支付的昂贵服务两个方面。换言之，属于这两个方面的一些医疗服务和药品被允许单独收费，而不影响对其余服务的社会医保支付。允许单独收费的内容具体包括：

（1）特殊病房费用；

（2）未经转诊直接到（200 张病床以上）大医院就诊时加收的费用；

（3）预约诊疗费；

（4）超过 180 天的住院费用；

（5）《药事法》已批准但社会医保目录尚未收录的药品和其他医疗用品。

2006 年，《健康保险法》再次改革，用"保险外并用医疗费"（"保险外併用療養費"）制度代替了特定医疗费制度，扩大了后者的范围，并建立了尖端医疗使用申请制度。这次改革是对禁止混合医疗原则的进一步放松，将允许混合医疗存在的情况归纳为"特选医疗服务"和"评估医疗服务"两大类别，内容如下。

（1）若干经由厚生劳动大臣批准的特选医疗（"選定療養"）服务可以由商业健康保险或个人自费支付。这些医疗服务包括单人病房、特殊病房、未经转诊的大医院诊疗（初诊、复诊）、预约诊疗、医院加班诊疗、超过社会医保给付次数的理疗、超过 180 天的住院、特殊合金假牙和其他牙科高端服务等。

（2）正在接受评估但尚未进入社会医保目录的医疗技术和药品，在评估期间可以由商业健康保险或个人自费支付，而不影响社会医保支付。这些医疗服务称为评估医疗服务（"評価療養"），包括《药事法》已批准但社会医保目录尚未收录的药品和其他医疗用品、正在申请变更用法用量等因而接受重新评估的医药品等。

（3）在评估医疗服务中，基于医疗机构的申请，由厚生劳动省内的"尖端医疗会议"（"先進医療会議"）审查其安全性、合理性和有效性后，可以批准使用的尖端医疗（"先進医療"）服务，也可以由商业健康保险或个人支付而不影响社会医保支付。审批时间约为 6 个月。目前得到批准的尖端医疗服务共 81 种。这个名单每年会有变化，因为其中某项尖端医疗服务可能会被收入社会医保目录，或由于一些原因被剔除出去。使用这些尖端医疗服务的资格要由医疗机构向厚生劳动省单独申请，申请者必须是社会医保定点机构，且要符合所申请的尖端医疗项目要求的设备、人员、管理等各方面条件。可以实施每种尖端医疗的医院均在厚生劳动省网站上公示。这类尖端医疗服务的例子有重离子治疗等。

2016 年开始，保险外并用医疗费制度再次扩大范围，增加"患者申请医疗服务"这一类别。由患者向厚生劳动省提出申请后，若干经过批准的医疗机构（特殊功能医院，即"特定機能病院"，其中又有更高等级的"臨床研究中核病院"）可以采用患者所要求的目录外技术和药品（包括尚未经日本法律批准的新药）进行一定程度的混合医疗，这被称为患者申请医疗服务（"患者申出療養"）。特殊功能医院共 87 家，其中 14 家是"臨床研究中核病院"（具体机构列表见附录 2 中的附表 6）。患者申请医疗服务的审核时间较短，一般只需要 6 周，在有先例的情况下甚至可以缩短到 2 周。这便大大增加了可使用的尖端医药的种类，缩短了审核时间。而下一步的改革方向，则是要适当扩大能使用尖端医药进行混合医疗的医疗机构范围。关于"混合医疗"中采用尖端医疗手段的相关政策沿革可见表 3-6。

表 3-6　关于混合医疗中采用尖端医疗手段的相关政策沿革

时间	关键制度变化	备注
1984 年 10 月	在特定医疗费制度中新增关于尖端医疗的规定	列在"特定医疗"里
2004 年 12 月	达成关于所谓"混合医疗"问题的基本协议	为其后的改革达成共识
2006 年 12 月	在保险外并用医疗费制度中新增尖端医疗使用申请制度	列在"评估医疗"里
2011 年 10 月	最高法院第三小法庭关于混合医疗的判决	讨论混合医疗的合理性
2016 年 4 月	建立患者申请医疗服务制度	在"评估医疗"外新设立的制度

资料来源：小林雅史「先進医療などの対象となる医療技術の変遷——30 年間における新技術の定着と保険適用の拡大」『ニッセイ基礎研究所基礎研レポート』，2017。

2. 禁止"混合医疗"原则的制度争议

事实上，在 1984 年《健康保险法》改革之前，法律对禁止"混合医疗"原则并无明确的表述。对该原则的阐明，恰恰是与 1984 年特定医疗费制度建立同时发生的。换句话说，在该原则因社会需求的变化开始出现松动时，方才需要对其进行更明确的表述和解释。2006 年以后，禁止"混合医疗"原则的松动明显是受到技术进步的冲击。医学技术的快速发展使得社会医保体系面临日趋尖锐的矛盾：当筹资能力与技术进步的速度不相协调时，社会医保如何重新定位，原本为遏制"不公平"的制度设计是否会导致新的"不公平"或"不合理"？

如果解禁"混合医疗"，则意味着患者只需要为其所使用的社会医保目录外医药付费，对社会医保目录内的医药则只需要缴纳较少的自付部分。这减轻了单个患者的总体负担，也使得患者更有动机去尝试尚未进入社会医保目录的尖端医疗服务。如此一来，选择使用昂贵的尖端医药服务的患者就会增加。但是使用尖端医药过程中，通常也会同时使用很多社会医保目录内的医药服务，推高总体的医疗花费。使用尖端医药的是具备一定支付能力的患者，解禁"混合医疗"意味着他们的总体负担减轻，会鼓励他们大量使用尖端医药，与此同时就花去了更多的社会医保资金。换言之，解禁"混合医疗"扩大了能负担尖端医药的患者的人数，也使这部分人占据了更多的社会医保资金和医疗资源。换言之，解禁"混合医疗"扩大了能负担尖端医药服务的患者的人数，也使这部分人占据了更多的社会医保资金和医疗资源。而对不具备对尖端医药服务的支付能力的患者来说，解禁"混合医疗"不会影响他们的医疗选择，只会让他们所花费的社会医保资金占比变少。这是解禁"混合医疗"始终面临的道德质疑：使支付能力更强的患者使用更多社会医保资金，加剧了医疗的不平等，违背了社会医保的"公平"原则。

但是，解禁"混合医疗"的一大动力在于社会医保日益沉重的资金压力。由于该原则不鼓励患者使用社会医保目录外的药品和疗法，因此社会医保目录必须及时、不断地扩充，才能满足国民对于尖端医药不断增长的需求。而当社会医保目录扩充后，患者使用昂贵的尖端医药的倾向会加强，这会使整体医疗费用居高不下。社会医保的资金压力由政府财政和参保企业、员工共同负担，因此高额医疗费用不仅会带来政府支出的压力，也给参保企业带来沉重的压力。在老龄化严重的日本，65 岁以上老年人花费的医疗费用占总额的 60% 以上，而老年人是慢性病的多发群体，对新药、新技术的需求更大，社会医保目录扩容越快，老年人医疗费占比增长就可能越快。这给年轻一代造成沉重的供养压力，凸显了另一种"不公平""不合理"。

从另一个角度来说，如能解禁"混合医疗"，则尚未进入社会医保目录的尖端医药多可以暂缓进入，总体来说可减轻社会医保和企业的负担。这对经济发展也将产生一定正面影响。对生产尖端药物的大型药企来说，虽然药品进入社会医保目录可以扩大市场，但同样面临被压低药价的问题，因此针对不同的药物，企业对解禁"混合医疗"的态度并不一致。

（二）禁止"混合医疗"原则与医疗技术发展

禁止"混合医疗"原则的松动扩大了医疗机构的收入来源，也推动了新技术、新药品更快进入日本市场，可能导致高水平医疗机构与普通医疗机构间差距扩大、竞争加剧。对有能力提供社会医保目录外尖端医药服务的大型教学医院来说，首先，解禁"混合医疗"鼓励新药、新技术的推广和创新，可以提高这类医院的科研水平，促进其技术进步。其次，由于有能力提供尖端医药服务的机构数量有限，处于相对强势的地位，商业保险很难对社会医保目录外的尖端医药起到足够的控费作用。尖端医药服务的定价权在医疗机构手中，且受到的限制十分有限。

对这类医院来说，2006 年以后的尖端医疗审批制度仍然对提高医院水平构成了阻碍，而 2016 年后建立的患者申请医疗服务制度大大加快了审批速度、扩大了审批范围，是明显的政策利好。例如，在针对患者申请医疗服务制度的讨论中，大阪大学教授森下龙一在东京电视台的一个节目中发言，强烈主张进一步解禁"混合医疗"。他正在研究如何治疗手和脚的血管收缩导致皮肤坏死的血栓闭塞性脉管炎，正在向国家提出申请，要求将把制造血管的 HGF 基因注射到患者身上的治疗方法纳入可以进行"混合医疗"的范围。在新的制度中，审查时间将从现行的 6~7 个月缩短到6 周左右，对他招募患者、推进研究十分有利。可以推断，如果全面解禁"混合医疗"，即取消现行的限制和审查制度，对这类研究必然更加有利。

但另一方面，尖端医疗技术往往需要更大的设备投入，因此增强了医疗机构对资本投入的依赖性。大型医疗机构可支配的资源增多，可能导致医疗机构与医生之间张力增强，加强了医生对机构或资本的依附。对医生来说，研究资源的增加不是没有代价的。因此大型教学医院和其中医生群体的利益诉求未必完全一致。

同时，对于人数占医师协会成员 50% 以上的小诊所医生来说，解禁"混合医疗"可能会推动诊所间的竞争，即部分资金较为充裕的诊所利用社会医保目录外的尖端医药服务来吸引患者，给同行带来更大压力。竞争加强可能促进医疗服务市场中的优胜劣汰，但小诊所医生相对不具备竞争优势，面临的压力要远远大于大医院的医生。

无论对大医院还是小诊所工作的医生来说，新技术的应用和推广都可能改变其和资本的关系。如果医生不能从政治上形成有组织的反对力量，则技术推广的趋势是将医生从自雇佣者逐渐变为资本的合作者甚至雇佣者。这可能是日本医师协会和全国保险医疗团体联合会至今采取反对解禁"混合医疗"的立场的主要原因。一个侧面例子是，日本医师协会的领导层（见表 3-7）以小诊所医生为主，作为自雇佣者的医生在行业协会中仍占主流。

表 3-7　2022 年日本医师协会的领导层构成

姓名	职务	所在医院	所在医院是否有用尖端疗法实施混合医疗的资格
中川 俊男	会長	新さっぽろ脳神経外科病院	否
今村 聡	副会長	医療法人社団聡伸会今村医院	否
松原 謙二	副会長	松原内科	否
猪口 雄二	副会長	寿康会病院	否
羽鳥 裕	常任理事	はとりクリニック	否
釜萢 敏	常任理事	小泉小児科医院	否
松本 吉郎	常任理事	松本皮膚科形成外科医院	否
城守 国斗	常任理事	北山病院	否
長島 公之	常任理事	長島整形外科	否
江澤 和彦	常任理事	川崎医科大学附属病院	是

日本商业健康保险监管体系研究

续表

姓名	职务	所在医院	所在医院是否有用尖端疗法实施混合医疗的资格
橋本 省	常任理事	国立病院機構仙台医療センター、東北大学医学部	是
宮川 政昭	常任理事	宮川内科小児科医院	否
渡辺 弘司	常任理事	渡辺小児科循環器科クリニック	否
神村 裕子	常任理事	医療法人三圭会川越医院	否
長瀬 清	理事	岐阜大学医学部附属病院	是
尾﨑 治夫	理事	おざき内科循環器科クリニック	否
小原 紀彰	理事	医療法人小原クリニック	否
入江 康文	理事	三愛記念病院	否
松山 正春	理事	社会福祉法人翔洋会松山胃腸科外科	否
河野 雅行	理事	医疗法人雅会河野整形外科	否
齋藤 義郎	理事	齋藤整形外科	否
菊岡 正和	理事	菊岡内科医院	否
樗木 等	理事	佐賀県医療センター好生館	是
二井 栄	理事	白子ウィメンズホスピタル（婦科医院）	否
野田 正治	理事	野田内科小児科医院	否
中尾 正俊	理事	中尾医院	否
藤井 美穂	理事	時計台記念病院	否
松井 道宣	理事	医療法人同仁会同仁会クリニック	否
岡林 弘毅	監事	（高知）県庁前クリニック	否
寺下 浩彰	監事	医療法人優進会三木町寺下整形外科	否
佐藤 武寿	監事	さとう内科医院	否

续表

姓名	职务	所在医院	所在医院是否有用尖端疗法实施混合医疗的资格
池田 秀夫	代議員会議長	池田内科皮膚科医院	否
太田 照男	代議員会副議長	医療法人慈啓会白澤病院	否

资料来源：日本医师协会。

从资本角度来看，如果社会办医能够形成有组织的政治集团，则会成为博弈中的另一个参与者，游说解禁"混合医疗"的声音可能会更强。但日本对社会办医的管控、对资本进入的限制，使得这种情况没有出现。日本在对医疗服务市场的规划与监管中，一直有一定鼓励和保护中小型医疗机构发展的倾向。一方面监管部门不愿看到竞争带来小诊所之间的快速淘汰、兼并等现象；另一方面，小诊所的医疗水平参差不齐，可能发生更多对目录外医药的冒进误用现象，从而损害患者的健康，并带来更多医疗纠纷和诉讼，也是监管部门希望避免的。

最终的结果是，禁止"混合医疗"原则目前仍在一定程度上限制了前沿医疗技术在日本市场上的发展和推广。

（三）患者需求与禁止"混合医疗"原则

1.患者对商业健康保险的需求

日本患者对社会医保目录外药品和医疗服务的需求，比起其他发达国家，相对处于较低的水平。对患者来说，社会医保目录内药品和服务不能满足的需求一般集中在两个方面：一是材料更昂贵、体验更舒适、更便捷的"高端"服务；二是针对疑难杂症的最新尖端药品和疗法，它们或由于尚未通过日本监管部门的批准，或由于价格过于昂贵而没有进入社会医保目录。

对于前者，经过1984年和2006年两次改革之后，日本患者经常使用的常规"高端"服务已经全面解禁，即允许医疗服务方对患者单独收费。这就是"特选医疗服务"所包括的内容。相应地，商业健康保险通常向被保险人提供定额现金补偿，用来覆盖这类服务的费用。目前的绝大多数商业健康保险产品都包含特选医疗服务的补偿待遇，这成为商业健康保险补充社会医保的一种"标准配置"。可以说，特选医疗服务创造了商业健康保险市场需求，对这部分需求，商业健康保险产品更重要的价值定位是保险支付，这本身也是商业保险的优势，可以通过精算实现产品精准定位，并向纵深开发市场等。

以单人病房和特殊病房为例，日本由社会医保覆盖费用的普通病房通常每个房间的病床数在 6 张以上，而每房间病床数在 4 张以下的病房就算特殊病房①，可以向患者收取额外费用。在现行制度下，这种差额病床费（"差额ベッド代"）在"混合医疗"允许范围内，因此日本的医院只要有条件，多会提供特殊病房的选项。2018 年，日本共有属于特殊病房的病床 267,590 张，占全部病床数的 20.5%（见图 3-7）。根据医院提供的条件不同，差额病床费的价格差异很大，根据 2018 年的统计数据，差额病床费总体在每日 1,000~100,000 日元（约合人民币 49~4,922元）之间，最高可达每床 37.8 万日元（约合人民币 18,606 元），而最低的差额病床费则为每床 50 日元（约合人民币 2.5 元）。日平均费用为每床 6,188 日元（约合人民币 305 元），见图 3-8。

但是，日本自 20 世纪 90 年代以来陷入长期的经济增长放缓乃至停滞，社会医保体系一直面临巨大的控费压力。同时由于疾病谱的变化和老龄化的发展，未来社会医保体系明显难以支撑目前的待遇水平，遑论紧跟医疗尖端技术发展的脚步。当社会医保筹资能力相对尖端医疗需求出现明显缺口，社会医保制度可能不再能够承担起为全民提供平等医疗的制度功能。中等以上收入群体对尖端技术的需求随疾病谱的变化而得到释放。因此，尖端医药是关于解禁"混合医疗"的主要争议点。

对罹患癌症等重病或其他疑难杂症的患者来说，对社会医保目录外的尖端医药的需求往往十分迫切。而禁止"混合医疗"原则是这类患者寻求更多治疗机会的主要阻碍。由于一旦使用了目录外疗法，则从获得诊断开始的一切费用都要自费，这往往构成极大的医疗费用负担。虽然

---

① 特殊病房的标准包括：每房间病床数在 4 张以下，人均面积 6.4 平方米以上，提供设施以保证每张病床有一定私密性，提供用于存放患者个人物品的柜子、照明设备、桌椅等设备。

2006 年以后，以评估医疗的方式开放了部分尖端疗法在部分医疗机构的
"混合医疗"，但得到厚生劳动省批准的尖端疗法种类有限（如 2020 年仅
有 82 种，通常在这个数量上下浮动），可以提供这些尖端医药服务的医
疗机构数量更少，如果不能选择到获得批准的机构就医，则无法依据此
制度获得"混合医疗"。

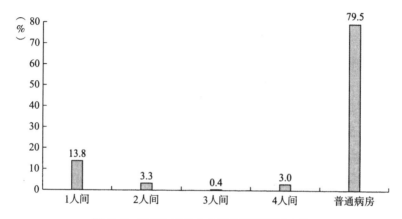

图 3-7　2018 年日本各类病房病床数占比

数据来源：日本中央社会保险医疗協議会「主な選定療養に係る報告状況（令
和元年 9 月）」，2019。

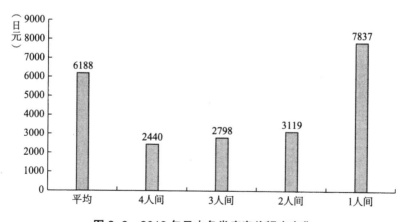

图 3-8　2018 年日本各类病房差额病床费

数据来源：日本中央社会保险医疗協議会「主な選定療養に係る報告状況（令
和元年 9 月）」，2019。

在日本拥有 20 张以上病床的医疗机构即可归类为医院（见表 3-8），但其中只有特殊功能医院和小部分地区医疗支援医院这类病床数超过 200 张的医院，才有可能获得使用尖端医药进行"混合医疗"的资格。绝大多数为日本患者提供日常医疗服务的小医院都不具备这种资格。因此可以在混合医疗中使用的尖端医药的可及性并不强。而表 3-9 展示了 2010~2015 年尖端疗法实际的实施数据。

表 3-8 日本医院的分类

类别	一般医院	地区医疗支援医院	特殊功能医院
定义	拥有 20 张以上病床的医生等行医的场所	一般医院中由都道府县知事逐一单独批准，有能力对家庭医生等基层医生进行支援，承担地区医疗保障任务的医疗机构	一般医院中由厚生劳动大臣逐一单独批准，有能力提供高级医疗服务、发展尖端医疗技术并开展相关研究和培训的医院，是医疗机构体系化建设的一部分
功能	一般的诊疗服务	为家庭医生和其他医疗机构提供转诊服务；提供医疗设备共同利用；提供急救医疗；为地区内的医生提供培训	提供如心脏手术、脏器移植等高级医疗服务；进行尖端医疗技术的开发和评估；提供关于尖端医疗技术的培训
诊疗科目	无特殊规定	无特殊规定	拥有内科、外科、牙科等全部的基本诊疗科目
病床数	20 床以上	原则上要达到 200 床以上	400 床以上
病床种类	无特殊规定	无特殊规定	无特殊规定
数量（2019）	7246	618	87

资料来源：日本厚生労働省「医療施設の類型」；日本厚生労働省「厚生統計要覧（令和 2 年度）」第 2 編保健衛生、2020；「特定機能病院として承認を受けている医療機関一覧（令和 4 年 4 月 1 日）」，2022。

表 3-9 2010 年 7 月 ~ 2015 年 6 月日本尖端疗法实施数据

时段	尖端疗法种类（种）	实施医疗机构数量（家）	治疗患者人数（人）	总费用（亿日元）	其中社保支付的费用（亿日元）
2010.7.1 ~ 2011.6.30	123	522	14,505	173	75

时段	尖端疗法种类（种）	实施医疗机构数量（家）	治疗患者人数（人）	总费用（亿日元）	其中社保支付的费用（亿日元）
2011.7.1 ~ 2012.6.30	102	553	14,479	146	46
2012.7.1 ~ 2013.6.30	107	604	20,665	204	71
2013.7.1 ~ 2014.6.30	95	571	23,925	247	73
2014.7.1 ~ 2015.6.30	108	786	28,153	295	90

注：2012 年和 2014 年社会医保目录调整时，将部分尖端疗法收入了社会医保目录，因此允许"混合医疗"的尖端医疗项目数量有所减少。

数据来源：「平成 27 年 6 月 30 日時点で実施されていた先進医療の実績報告について」，2015。

在 2007 年的一个案件中，原告清郷伸人为了治疗肾脏癌，在神奈川县立癌症医院听取主治医生的建议，同时接受了社会医保覆盖的干扰素疗法和目录外的活性化自我淋巴细胞移入疗法（简称"LAK 疗法"）的治疗，之后被医院告知，根据社会医保的规定，两种疗法需要全部自费。原告认为社会医保的这一规定违反宪法和《健康保险法》，向法院提起诉讼。2007 年东京地方法院的初审结论支持了原告的诉求。但 2011 年 10 月 25 日，最高法院第三小法庭做出终审判决，认为该案例虽然使用了多种治疗方案，但仍应该当成不可分割的一个整体来判断。由于神奈川县立癌症医院并未获得厚生劳动省单独批准的使用 LAK 疗法与其他疗法进行"混合医疗"的资格①，因此不适用于保险外并用医疗费制度，应当按禁止"混合医疗"原则进行判断，判决驳回诉讼。但同时，此案的法官也针对禁止"混合医疗"原则的合理性提出了一些意见。现行《健康保险法》对于禁止"混合医疗"原则的规定不够明确，对普通患者来说有含糊不清、难以

---

① LAK 疗法属于厚生劳动省批准使用的尖端疗法，但该案中的神奈川县立癌症医院没有获得使用资格。参见日本厚生劳动省「先進医療を実施している医療機関の一覧」，https://www.mhlw.go.jp/topics/bukyoku/isei/sensiniryo/kikan02.html。

理解的地方。而对患者最关心的尖端医药的处理方式，并未做出全面的规定。而随着患者对尖端医药的需求不断增长，制度应该、也有可能做出一定变通。这间接促成了2016年新的患者申请医疗制度的建立。

然而，由于医疗服务中供需双方处于信息不对称的地位，患者方面对于未经社保目录认可的尖端医药的可行性和安全性也存在疑虑。例如，日本最大的患者组织——日本疾病控制和预防小组委员会曾提出对尖端医药安全性保障的疑虑。2016年后新的制度将审查时间从半年缩短到2~6周，如此激进的改变，必然给审核过程带来更大的压力，使审核过程大大简化，可能带来安全方面的问题。同时，由于社会医保目录外医药的定价权属于数量较少、处于强势地位的医疗机构，因此患者乃至商业健康保险往往难以对其控费。因此即使对中等以上收入水平的患者来说，更为有利的情形也是尖端医药能够不断及时地进入社会医保目录。正如前面已经论述的，解禁"混合医疗"会减轻社会医保目录的扩容压力。如果社会医保目录扩容放缓乃至停滞，则患者个人的医疗费用负担还是会不断加重。

2. 商业健康保险的机遇和现有产品设计

通过特选医疗服务的规定，最常见的"高端"医疗服务（以特殊病房和高级假牙材料等为代表）均已被允许与社会医保目录内服务进行"混合医疗"。这些高端服务，除未经转诊的大医院诊疗外，其余项目对医疗服务供方并无资格限定。其定价由医疗机构自行决定，但由于市场竞争的存在，最终形成了较为稳定且有一定梯度的市场价格。商业健康保险在对这些项目支付时，对医疗机构的约束力十分有限，基本不能对医疗资源的配置发挥作用。商业健康保险主要采取现金赔付的方式，为被保险人覆盖这部分费用。现金赔付在医疗行为发生时直接支付给被保险人，不但可以用来支付这类高端服务费用，也可以用来补偿营养费、误工费等其他支出，缓解被保险人就医期间的经济压力，因此增加了灵活性和对客户的吸引力。

而上述"常规"的高端服务之外的目录外项目，则主要是所谓尖端医疗项目，社会医保目录已收入的项目都相对比较少。即使全面禁止其和目录内项目的"混合医疗"，多数患者也不会选择全自费或者由商业健康保险支付。这可能是由于费用负担过重而无法承担，更可能是因为本身没有这个需求。除非医药科技进步较快，同时日本社会医保筹资出现困难，使得社会医保目录的扩容能力开始明显跟不上患者的需求。这种前置条件变化之后，商业健康保险才有更多的介入机会。换言之，能够让禁止"混合医疗"原则实施至今的，是日本社会医保持续的目录扩容能力，或者说基金筹资能力。

在目前的状况下，商业保险公司采取的策略主要是为已经被允许应用于"混合医疗"的目录外尖端医疗项目提供保障。因为采用这类项目，不会使患者丧失社会医保支付资格，而只需要为这项尖端医疗单独付费。在有商业健康保险的情况下，患者可以采取由社会医保支付目录内部分、商业健康保险支付目录外部分（即被允许进行"混合医疗"的尖端医疗项目）的方式。这就是目前为止商业健康保险补充社会医保的主要形式。商业健康保险保障范围的大小，实际上取决于被允许"混合医疗"的尖端医疗项目目录的大小。随着禁止"混合医疗"原则继续松动，被允许应用于"混合医疗"的项目增加，则商业健康保险的保障范围也会随之增加。

对日本消费者来说，如果商业健康保险中包括尖端医疗条款，通常较不包括的产品保费更高。因此保险公司通常会针对风险偏好和支付能力不同的消费者开发出不同层次的产品。商业健康保险中最常见、市场覆盖率最高的长期医疗保险和癌症保险（见图3-9）两种，都有提供尖端医疗补偿的设计。但由于这两种保险针对的消费者偏好和保障重点有所不同，其尖端医疗保障内容也有一定区别。

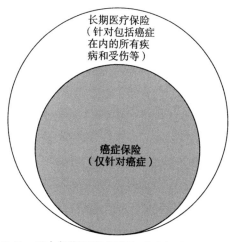

图3-9　日本长期医疗保险和癌症保险的相对关系

就长期医疗保险来说，其针对的消费者主要是日常医疗支出方面的风险规避者，如现金流较为紧张、没有为突发疾病存钱的人，以及对自己的健康状况没有自信、觉得自己容易生病或将来可能生病的人。因此，医疗保险的产品设计相对来说"广而浅"，偏重于覆盖面广，如对因一切疾病或受伤住院的情况都提供固定的现金补偿。就尖端医疗来说，如果在合约中已经包括了尖端医疗条款，则往往不限制尖端医疗补偿范围，即对所有社会医保允许"混合医疗"的项目都予覆盖。而如果以附属合约的形式加入尖端医疗条款，则可能允许消费者选择覆盖面广的合约，或仅针对较常见的"三大疾病"相关疗法的合约等。

而就癌症保险来说，其针对的是对罹患癌症的风险敏感的消费者，鉴于癌症早已是日本人排名第一的死亡原因，成为许多日本人心头的阴影和隐忧，因此其市场也较为广阔。癌症保险的特点是"窄而深"（见表3-10），仅针对癌症，但在确诊后提供大额的一次性现金补偿，而且可能还包括手术后治疗、门诊复诊、家庭护理、生活质量提升等一系列针对性补偿。就尖端医疗来说，无论是合约固定条款，还是可自选附属合约，都会更偏重于治疗癌症的尖端医疗项目，如目前社会医保目录外项目中最流行的质子治疗和重离子治疗等。

表 3-10　日本长期医疗保险和癌症保险的比较

	长期医疗保险	癌症保险
覆盖特点	广而浅	窄而深
诊断后一次性补偿	无	有，多为 50 万~100 万日元
住院补偿日额	5,000~1 万日元	5,000~1 万日元
一次住院日数限制	30~60 天	无
其他保障	通常无	术后门诊、家庭护理等
签约后等待期	无	3 个月或 90 天
自带尖端医疗条款	√	√
可选的尖端医疗附属合约	√	√

未来，禁止"混合医疗"原则变化给商业健康保险带来的空间，还将取决于社会医保目录扩容能力以及商业健康保险参与支付形式的多样性。此外，社会办医、医疗服务市场的管制政策也将间接影响商业健康保险配置医疗资源的能力以及商业健康保险在医疗服务方面的市场挖掘。

三　医疗大数据的法律支持："医疗大数据法"

长期以来，日本国民医疗健康和社会医保支付方面的公开数据主要来源于厚生劳动省的各项统计，所提供的主要是宏观信息。商业保险公司仅能在《个人信息保护法》规定的范围内，自行收集客户的部分医疗健康信息，用来进行产品开发和服务模式探索。而各大医疗机构所积累的大量患者信息，互相之间缺乏流通、整合的渠道，往往不能被医学药学研究机构和健康政策研究部门充分利用。随着医疗信息的标准化、电子化程度逐渐提高，以及"大数据"概念的兴起，对微观医疗健康数据进行整合和加强利用的需求也日益增强。

2017 年 5 月 12 日，日本通过了《下一代医疗平台法》（"次世代医療基盤法"），又称"医疗大数据法"，于 2018 年 5 月 11 日开始施行。如该法的别名所揭示的，这是一部关于个人医疗信息利用的法律。其宗旨在于：通过规定如何对日本国民的个人医疗和健康信息进行匿名化处理和整合，使此类信息数据可被充分利用，以促进医学研究、药物研发、新型医疗服务模式开发及相关产业创新，从而增进国民健康和社会福祉。由于医疗健康信息的特殊性，为了保护患者隐私和信息安全，对数据的匿名化处理是实现信息整合与利用的关键点。

简言之，该法规定：个人详细的医疗信息，包括病例、病史、检查结果、处方、体检报告等，经过由国家批准的处理机构进行匿名化处理之后，可以提供给研究机构、药企、相关行政主管部门，以及其他可促进医疗领域的研究开发的对象使用。

1. 信息收集

在信息收集方面，该法与此前《个人信息保护法》最大的不同在于，其默认选择是可以收集、处理、利用患者的个人信息（见表 3-11）。换言之，医疗机构不需要取得患者的明确同意，而只需患者没有正式、明确拒绝，即可向处理机构提交信息。医疗机构需要在诊疗过程开始时向患者说明相关规定，询问是否拒绝提供信息，然后给患者30天的考虑时间，30天后若无明确拒绝，即可以提供信息。其后患者也可以随时要求中止提供信息。

表3-11 《下一代医疗平台法》规定的医疗信息的种类和举例

种类	举例
病例	病历、收据、有病名的护理记录和用药记录本
残疾	认知症患者日间护理的实施情况、精神残疾证发放记录
体检结果	一般体检、精神压力测试、全面体检等的结果
其他诊疗数据等	护理记录、病历调查表、检验结果、配药记录、住院病历、门诊接待单、健康指导接待表和健康指导结果表

资料来源：水町雅子「医療ビッグデータ法（次世代医療基盤法）の概要」『Q&Aでわかる医療ビッグデータの法律と実務』，2019。

2. 信息处理

有能力进行医疗信息匿名化处理和个人信息整合的机构，无论医疗机构、学术机构、其他非营利性机构或企业，均可以向自己机构的主管大臣（包括首相、厚生劳动大臣、文部科学大臣、经济产业大臣）申请，以获得处理医疗信息的资格。各主管大臣依据法律规定考察其组织结构、人员资格（具备处理医疗信息的资格和经验）、经营状况和安全管理措施，进行评估后，即可酌情予以批准。对这类机构的监管由批准其资格的主管机构负责，对违规者取消资格或进行行政处罚（罚金或拘役等）。

法律详细规定了对医疗信息进行匿名化处理的流程和标准。进行此类信息整合的一大优势是可以把从不同来源收集的关于同一人的信息统合在一起。而匿名化过程中，处理机构需要严格遵循特定规程，根据信息的具体用途事先制订处理计划、列出处理项目。之后，去除能识别出特定个人的信息，如患者姓名、证件号码、具体住址、具体就诊日等，模糊化患者基本身体特征，如年龄、身高、体重等均以范围数替代等，检查其他特异性信息。必要时也可根据需要进行各项统计。

3. 信息利用

只要是以促进医疗领域的研究开发为目的，原则上任何机构都可以使用经过处理的个人医疗信息。使用时要向信息处理机构支付费用。信息使用方可以和信息处理机构事先签订合约，进行数据的个性化定制。因此，这项法律给商业保险公司提供了取得大规模微观医疗健康数据的条件。目前来看，这是有实力的商业保险公司加强产品精准定位、挖掘市场纵深的利好条件。

例如，SOMPO 向日葵人寿保险公司（"SOMPO ひまわり生命保険株式会社"）的母公司 SOMPO Holdings Group 自 2016 年开始尝试数字战略，即研究海外的案例，探索利用大数据发展的商业模式。并且提出了"数字健康 2.0"的愿景，即通过分析医疗领域的数据开发健康管理和护理服务。这是基于以下两个事实，首先，SOMPO 向日葵人寿保险公司的商业健康保险业务近年来一直不断扩展，截至 2019 年 3 月，公司 414 万件现存保单中医疗保险和癌症保险已分别占比 50% 和 8%；其次，集团经营着 SOMPO 护理公司，同时从事居家和机构护理业务。

在《下一代医疗平台法》实行前，SOMPO 向日葵人寿保险公司已经在其 3000 余名员工中尝试了数据收集和分析的试验，具体做法是分发可穿戴设备，收集其活动和睡眠等数据，与健康检查结果进行比较分析等。2018 年新法实行后，此类研究有了很大的拓展余地。SOMPO Holdings Group 在 2019 年 5 月发布的 2019~2020 年度计划中，在"数字战略"下列出了"按需保险业务化""数字护理业务化""利用大数据和 AI 进行疾病预测"三项计划。SOMPO 的既有护理业务主要集中在为公共长期护理保险适用对象提供服务上。但在可以取得关于认知症患者的医疗大数据之后，公司有了拓展认知症相关的护理服务的计划。

四 监管案例：简保人寿销售丑闻

自商业健康保险开放发展以来，日本监管部门很重视规范商业健康保险公司的市场行为、促进正当竞争、保护受保人的权益。其规范的形成既来自对国际监管经验的参考、对行业特点的研究，也来自对消费者投诉的及时处理和统计、分析，以及广泛接受媒体和社会监督。日本保险业的行业龙头之一邮政简保人寿保险公司2019年曝出的销售违规丑闻，其处理过程比较典型地体现了日本监管部门和社会是如何维护商业保险发展的规范性的。其中，对占比很高的高龄受保人的保护尤其值得注意。

1. 邮政简保人寿保险公司简介

邮政简保人寿保险公司（"株式会社かんぽ生命保険"）正式成立于2007年10月1日，是日本邮政民营化的产物。公司成立后接手了曾由日本邮政经营的，以宽准入、低保额为特征的"简易人寿保险"契约，并转而经营普通的人寿和养老保险业务。自2008年开始，邮政简保人寿保险公司也开始提供商业健康保险。由于继承了"简易人寿保险"时期宽准入的特色，邮政简保人寿保险公司保险产品的一大特征是购买者不需要提供医生出具的身体检查或诊断结果。其销售的主要产品有终身医疗保障型保险、满期养老保险、定期医疗保险等。其人寿保险产品也多搭配医疗保险附属合约销售。

邮政简保人寿保险公司的总部在东京，全国共设76个分部。截至2019年3月，公司共有员工7,617人。而其保险销售特色在于，它可以利用全国2万余所邮局作为其代理店铺。2019年3月，有贩卖保险商品业务的邮局中，有普通邮局20,035所，只提供基本服务但不投递信件包裹的简易邮局560所，广泛分布于日本所有地区。加上银行贩卖等其他渠道，邮政简保人寿保险公司可以说是日本销售网点最多、分布最广的人寿保险公司。

截至2019年3月，邮政简保人寿保险公司的总资产为73.9万亿日元，为人寿保险业界第一。2019年第一季度保费总收入为39,599亿日元，居业界第三位。2019年现存保单年换算保费为46,771亿日元，新增保单年换算保费为3,513亿日元。其中商业健康保险的年换算保费如图3-10所示。根据公司自己的调查，其客户满意度达到82%。

2. 销售丑闻揭发及处理过程

2019年3月18日，一家总部位于福冈市的地方性报纸《西日本新闻》首次刊出了关于邮政简保人寿保险公司员工的保险销售行为违反《保险业法》、被内部人员向金融厅举报的消息。3月25日的报道指出，记者从邮政简保人寿保险公司内部了解到，自 2017 年以来，作为保险公司代理店的邮局收到的保险销售相关投诉超过 14,000 件，公司内部已针对销售中的不当行为进行整顿。由于约 60% 的投诉是和老年客户相关的，公司自 2017 年开始出台了更严格的规定，即在向 80 岁以上老年人销售保险时，需要向其家人进行关于合约内容的充分解释。自 2019 年开始公司不再允许发展 80 岁以上的新客户。

图 3-10　邮政简保人寿保险公司第三分类保险
（商业健康保险）现存保单和新增保单年换算保费

数据来源：「かんぽ生命の現状 2019 統合報告書」，2019。

　　关于邮政简保人寿保险公司保险销售的违规乃至欺诈行为见诸报端后，《西日本新闻》收到了大量来自保险购买者的相关案例，对此事进行了追踪报道。到了 6 月，"邮政简保销售丑闻"开始被各大全国性媒体报道。6 月 24 日，邮政简保人寿保险公司的母公司日本邮政集团召开新闻发布会，日本邮政集团总裁长门正贡向社会承认销售违规行为的大量存在。同时金融厅宣布启动对邮政简保人寿保险公司的专项调查。

　　7 月 9 日，时任金融担当大臣麻生太郎对媒体说明了监管部门对此事的关切。7 月 10 日，邮政简保人寿保险公司总裁植平光彦会同代理保险销售业务的日本邮递事业公司（即管理所有邮局的公司）总裁横山邦男在东京召开记者会，承认丑闻涉及的合约超过 9 万份，为此向社会道歉，并宣布日本邮政集团将由简保人寿、邮递事业公司和总公司分别出人，同时引入外部有识之士（业内资深律师），共同成立独立调查委员会，专门处理此事。独立调查委员会将全面清查公司的销售违规细节，理清事实，并将决定对受损客户进行赔偿的方案。同时，金融厅表示将讨论对邮政简保人寿保险公司进行行政处分。

之后，公司暂停了保险销售业务，同时对现存保单进行核查。7月31日，公司宣布将于9月中旬发布中期调查报告。丑闻涉及的合约可能多达18.3万份。

8月，金融担当大臣麻生太郎以及日本邮政集团的主管部门总务省的总务大臣石田正敏均表示将对该起销售丑闻严肃处理，并督促邮政简保人寿保险公司对受损客户进行赔偿。

2019年12月27日，金融厅正式向邮政简保人寿保险公司发出"停止业务3个月"的命令，即停止一切新保单签约，并要求其在2020年1月底之前提交整改计划。接受金融厅的行政处分的同时，长门、植平、横山三位总裁同时引咎辞职。前总务大臣增田宽也接任日本邮政集团总裁。

3.销售丑闻主要内容

此次简保人寿的销售丑闻对客户利益的侵害，主要包括以下三种：

（1）利用欺诈手段造成客户支付双重的保费；

（2）人为造成客户产生"无保险覆盖"的时段，乃至引发保费上升，甚至失保；

（3）向客户推荐明显不符合其需要的保险产品。

这是由于，保险公司内部对销售人员按照业绩评级，与收入等挂钩；而且对各地的邮局实施销售配额制度，完不成的额度可能需要销售人员自掏腰包填补。因此，保险销售人员有强烈的动机签订尽可能多的新保单。其方式可以是开发新客户，也可以向现有客户销售新的保险。

根据公司的规定，如果在取消旧合约后的6个月内签订新合约，可能不被视为"新合约"。因此销售人员往往使用欺诈手段，在不取消旧合约的情况下向客户销售新的保单，并且等满6个月之后，再取消旧合约。这造成客户在超过6个月的时间里支付双重保费。这样的案例多达7万件以上。

另一种情况下，与前面类似的，公司规定医疗保险的旧合约到期结束后3个月（或6个月）内开始的新合约，可能不被视为"新合约"。因此，销售人员要求客户等待超过3个月之后才能购买新的保险。因此人为造成了"无保险覆盖"的时段，如果在此期间生病，则无法获得保险赔偿。更重要的是，由于很多客户是老年人，如果在无保险覆盖期间被诊断出慢性病或重大疾病，则再购买新保险时，可能面临保费大幅上升，甚至丧失购买资格。这样的案例超过4万件。

最后一种情况是使用欺诈手段向老年客户推销并不合适的保险产品，或重复推销多种不同的保险产品。对公司规定的必须由家属陪同签约，则可通过钻空子的方式绕开，如怂恿老年客户本人拒绝陪同等。在此过程中，销售人员往往向老年客户隐瞒实际需要支付的保费数额，或避重就轻，造成误导。根据公司自己的调查结果，引诱客户更换明显缺乏经济合理性的保险合同的案例超过25,000件。又如，在调查发现的典型案例中，有多达1,825名客户在5年内签署了15份以上的保险合同。

丑闻使得邮政简保人寿保险公司的声誉受到重大打击。2019年4~12月，公司新增保单数量比上年同期下降了52.1%。2020年3月，邮政简保人寿保险公司表示由于内部整改尚未完成，在停止业务的处分到期之后，仍暂时停止销售新保单，直到2021年4月其业务才恢复。

结语 对中国及中国商业健康保险发展的启示

日本商业健康保险起步发展有其时代背景。日本经济在 20 世纪中后期一度高速增长，1956~1973 年年均增长 9.3%，1975~1991 年年均增长 4.1%；而到了 20 世纪 90 年代，日本经济平均每年仅增长 1%，1997 年与 1998 年甚至出现负增长。1995 年日本修订《保险业法》，开放商业保险市场，支持商业健康保险发展，正是在经济从高度繁荣转向停滞的重要背景下展开的。包括开放商保市场在内的一系列经济政策，旨在释放市场力量以改革僵化的经济结构，同时应对来自国际上要求日本金融自由化的政治压力。传统的经济体制不再能满足经济持续增长的要求，迫使日本政府转向国内市场，通过结构转型、扩大内需，缓解国际形势动荡、金融风险提高带给日本国内的冲击与压力。

成型于经济高速增长期的日本社会医保制度一定程度上制约了商业健康保险的发展，限制了居民健康保障的市场需求，但随着经济缓行，人口老龄化趋势清晰可见，高水平、广覆盖的社会医保开始面对巨大压力。而经济转型往往又要求国家提高社会保障水平，以熨平利益格局调整中可能出现的社会不稳定因素，通过有力的再分配政策使得收入差距不致过大。20 世纪 80 年代后，日本基尼系数一度迅速上升，从 1981 年的 0.3491 上升至 1989 年的 0.3975，从 1990 年的 0.4049 上升至 1993 年的 0.4394。这要求国家在普惠性原则基础上提高社会保障水平。标志着"医疗平等"的禁止"混合医疗"原则在 1980 年代后开始松绑，居民被允许自费使用社会医保目录外的服务和药品，并且这一范围逐渐扩大，为后来的商业健康保险发展留下空间。

2017 年，日本基尼系数回落至 0.3721，并且仍然保有较高水平的社会医保制度，但商业健康保险中医疗保险、癌症保险等产品销售仍然呈明显上升趋势，体现出发达经济体的人口老龄化程度加深后，居民加强对健康以及疾病带来经济损失的重视以及保险意识，对社会医保目录外的附加性服务（如特约服务、长期护理服务等）以及重特大疾病（特别是需应用尖端技术治疗的疾病）的保障需求相应增加。而社会医保的筹资扩容能力难以追赶技术进步与人口老龄化的速度，是否进一步放开"混合医疗"至今在日本仍多有争议。

对中国而言，日本经验至少带来以下六个方面启示。

第一，中国正处于经济转型的关键时期，与20世纪70年代中期后日本经济下行时期有相似之处。与彼时的日本相比，中国的外贸依存度同样很高（2018年为33.9%），受国际市场影响大，面临的国际环境更为严峻，而开放资本市场、金融自由化又是大势所趋，这使得中国比当年的日本面临的经济结构转型压力还要更大，更迫切地需要推进经济发展从以制造业为主向以服务业为主转型，需要扩大内需，实现消费升级，形成以国内循环为主、国际国内互相促进的双循环发展的新格局。这要求在包括商业保险在内的各经济领域都加大开放力度，促进市场竞争，推动产业发展。2010~2017年，OECD国家服务业增加值占GDP比重稳定处于69%~70%，而同一时期中国服务业增加值占GDP比重从44.2%上升至51.9%，仍有较大增长空间。此外，从日本经验看，对外开放资本市场、推进金融自由化需要谨慎，但是对内改革开放、健全包括保险市场在内的金融市场迫在眉睫，否则难以应对国家金融自由化压力，难以应对单靠货币政策和财政政策无法稳定汇率的两难困境。

第二，经济转型必然要求加强对收入分配及社会保障的重视，需要冲转型过程中潜在的社会冲突，以及避免陷入中等收入陷阱。中国居民收入基尼系数自2008年的0.491降低到2015年的0.462，随后重新走高。从居民人均可支配收入的分布状况看，五等分分组中最高20%的平均收入与最低20%的平均收入之比，城镇地区从2008年的最高点5.77一度下降到2012年的5.00，随后开始逐年提高，直至2018年达到5.90；农村地区则从2011年的最高点8.39下降到2013年的7.41，随后大幅度提高到2018年的9.29。医疗不平等同样经历了先下降后回升的过程。从全

国医疗保健支出占居民可支配收入比重来看，城镇地区从 2009 年的 5.1%
下降到 2013 年的 4.3%，随后提高至 2018 年的 5.2%；农村地区则一路攀
升，从 2009 年的 5.3% 增长至 2018 年的 8.5%。城乡医疗保健支出负担
的差距进一步拉开。北京、上海、广州、深圳四个一线城市以 5% 的人
口（约 7,500 万人）创造了全国 12.5% 的 GDP，但其城镇职工参保人数
占比为 16.2%，职工医保统筹基金支出 2017 年占全国总量的近 1/4。如
果再将第一财经新一线城市研究所所评选的 2020 年 15 座"新一线城市"
纳入考量，则约 18% 的人口（2.5 亿人）创造了 33% 的 GDP，38.1% 的
职工医保参保人花费了全国职工医保统筹基金的近 50%。城乡二元结构
以及日趋拉大的区域性差异，都使得社会保障体系面临巨大压力。

继续提高普惠性的社会福利要求公共财政的有力支撑。然而，中
国作为人均 GDP 刚刚超过 10000 美元的国家，2016 年广义税负水平
（38.7%）已超过 OECD 国家平均水平（32.4%），2016 年社保筹资占
GDP 的比重（6.8%）也在接近 OECD 国家平均水平（10%），但福利水
平较高的人群只有 3 亿多职工群体。通过公共财政缩小不同群体福利差
异，在间接税为主的财税体制下，增税空间极为有限。这使得越是收入
分化、职工医保累计结余捉襟见肘的经济发达城市，越需要商业保险的
健康有力发展，以提供包括医疗、养老在内的多层次保障。国际经验也
是如此，收入差距越大的国家商业保险发展越成熟。

第三，人口老龄化既是危机，也是机遇，需要未雨绸缪。日本在 20
世纪 90 年代进入重度老龄化时代后，开放了护理服务市场。任何社会资
本（包括商业保险公司）或个人均可开办符合要求的护理机构，享受公
共长期护理保险的支付，同时与公司护理险产品形成对接，使被保险人
可以从商业护理险中获得补充性赔付。在机构养老之外，以社区为主的
日常照护服务也都能得到社会医保及商业护理险的赔付。与此同时，日
本通过《医疗法》修法支持建立针对慢性病长期治疗和护理的"疗养病
床群"医院及诊所，推动日本在进入重度老龄化时期后积累可以提供更
多照护服务的医疗专业力量。2010 年，日本医疗费用中的 46.7% 流向医
院，到 2018 年这一比例则下降到 40.6%，但长期照护机构的医疗费用占
比从 3.8% 增长到 9.0%，上升超过 5 个百分点。中国的长期照护险正处

于试点运行阶段，同时护理机构、医养结合等业务发展仍有较多的痛点，如何将未来全面推开的长期照护险更多地向市场性力量开放，在"保基本"的同时实现护理服务的多层次保障供给，是未来政策制定者需要考虑的问题。

第四，尽管社会资本进入医疗服务市场在日本受到较严格限制，但社会化办医、放宽市场准入、强化初级医疗服务能力、扩展居民就医选择在进入老龄化时代后是明显趋势。与 2002 年日本每 10 万人诊所数 74.4 家、医院数 7.2 家相比，2019 年，日本每 10 万人诊所数上升至 81.3 家，医院数则下降为 6.6 家。全部类型的病床加起来，医院中 81% 的非公立医院提供了 70% 的病床，诊所中则有 95% 的非公立诊所提供了 96% 的诊所病床；门诊患者中约 60% 在诊所就医，前往医院就医的门诊患者只占 22.7%。中国的"医院""诊所"定义本身有别于日本，如果以日本将 20 张病床以下医疗机构称为"诊所"，则中国的"基层医疗机构"规模已达到"医院"水平。严格意义上的中国诊所（含医务室）2018 年只有 22.8 万家，每 10 万人口只有诊所约 16 家，而每 10 万人口"医院"数为 7.5 家，且大多在城市、县域地区，人口规模在 3 万~5 万人的乡镇地区通常只有 1 家乡镇卫生院及少量诊所，存在明显的医疗资源结构性短缺，亟须支持社会办医力量特别是小规模医疗机构发展，促进乡镇地区医疗服务市场竞争、增加供给，缩小医疗服务可及性、可靠性的城乡差异。此外，中国城市地区虽然有较丰富的医疗资源，但缺乏明晰分工，公立大医院特别是三甲医院业务往往涵盖健康体检、康复护理等多领域，造成组织运行效率低下，就医"拥堵"。日本公立医院更为强化的"尖端医疗"功能在中国高等级公立医院并不突出。支持、允许社会办医力量集中提供分工明确、定向发展的医疗服务，特别是社会医保覆盖范围外的中高端医疗服务，是政策选择应予考虑的。

第五，健康有序的商业健康保险发展离不开国家监管的良性支持。日本商业健康保险的监管体制具有政府、行业、社会多方参与的特征，追求的是监管的专业性、规范性，在原则基准线之外最大限度地尊重市场主体，鼓励市场良性竞争，同时也持续强调对被保险人的权益保护，成立相应的权益保护性社会组织，共同维护行业整体的长期声誉及可持续发展。值得注意的是，尽管日本社会医保保障水平较高，但日本从未强调商业健康保险发展须与社会医保相契合，也从未要求被保险人获得的赔付总额不能超过被保险人的医疗总支出，而中国 2018 年最新实行的《健康保险管理办法》要求商业健康保险对参保人是否为社会医保受保人身份予以区分，同时赔付总额不能超过医疗总支出，一方面这忽视了被保险人因疾病带来的其他经济损失（如误工等），另一方面制约了商业健康保险在产品研发、市场开拓方面的开创性。

第六，信息技术时代的"大数据"挖掘既可以为社会医保提供信息、研究支持，也同样可以开放给商业机构，以增进全社会福祉。日本 2017 年通过的"医疗大数据法"显示，在法律明确个人隐私信息受到哪些具体保护的前提下，个人医疗信息完全可以对社会公开，以促进全社会的医学研究、服务模式创新等。中国目前在医疗信息数据方面仍远远落后，不仅医疗信息不能对商业保险公司开放，甚至社会医保机构能够获取的也只有社会医保参保患者的医疗信息，且难以跨统筹区整合，需要从法律上打破信息壁垒、支持"大数据"的研发与创新。

对保险行业以及商业保险公司而言，日本经验也有以下四方面启示。

（一）长寿时代的大健康产业生态

20 世纪 70 年代，日本 65 岁及以上老龄人口占总人口比重达到 7%，到 1994 年达到 14%。面对日趋增长的老年就医压力和不断变化的疾病谱，日本通过修法等一系列措施，将医疗服务市场由严格规划管制转向放宽市场准入、鼓励竞争，加强市场精细化管理。与此同时，为了防范对医疗资源需求的增长带来医疗费用增加过快，日本在 2000 年前后建立长期护理保险及后期高龄者医疗制度，辅之以医保付费方式改革，试图在医疗服务的可及性与可负担性之间取得平衡。

提供尖端医疗服务的"特殊功能医院"以及负责慢性病长期治疗及护理的"疗养病床群"医院是 20 世纪 90 年代日本最先放开的医疗服务业态，既支持已有医院增加这两种机构的资质认证，也鼓励新建机构向这两个方向发展，这是老龄化时代最为突出的两种医疗服务需求。在日本，尖端医疗服务主要指在已获得市场准入但未能或尚未纳入社会医保支付目录的技术（设备）、药品。日本在 20 世纪 80 年代就允许患者在使用尖端医疗服务的同时仍然可以获得其他社会医保保障范围内的服务、药品等补偿，进入 21 世纪后，尖端医疗服务的范畴也变得更加具有弹性，未被列为尖端医疗服务的新技术、新药品还可以通过医疗机构申请的方式获得社会医保与个人自费 / 商业健康保险代付的混合保障，客观上使得商业健康保险的补偿支付功能得以加强，尤其体现在癌症险和医疗险的市场扩张上。不过，到目前为止，日本提供尖端医疗服务的机构仍以国立医学院校附属医院为主。日本对医疗服务市场资本进入的层层管制限制了社会资本对机构的投入，绝大多数社会办医机构缺乏财力支持以引入需大量资本支持的前沿设备及技术。"疗养病床群"医院所负载的慢性病管理及长期照护功能在进入 21 世纪后从医院扩延到诊所，即病床数少于 20 张的小型医疗机构也被允许提供这些服务并可得到相应的社会医保补偿，这极大地缓解了老龄化对日本医疗体系的冲击，节约了医疗费用，也间接推动了商业护理险的发展。

2021 年中国 60 岁及以上人口为 26,736 万人，占比 18.9%，其中 65 岁及以上人口 20,056 万人，占比 14.2%，超过了日本 1992 年的老龄化水平（65 岁及以上人口占比 12.8%）。中国在 2021 年正式进入老龄化社会，也就是"长寿时代"，比联合国预测的 2025 年提前了四年。人均预期寿命增长带来疾病谱变化，心脑血管疾病、癌症等慢性病已是中国人死亡原因中第一大主因，未来可以预见对癌症等大病诊疗以及对慢性病的长期、连续性干预是医疗服务中持续增长的需求，这不仅要求这些需求都能在医疗服务市场中得到满足，还需要大病诊疗以及慢性病管理之间有效、高效的衔接；既有功能定位不同的医疗机构在市场竞争、市场分工中形成"分级诊疗"，同时不同功能的医疗机构间可以达成有效合作与信息对接，而这恰恰是现有公立医疗机构为主导的医疗体系的短板。以行政力量为主配置医疗资源的结果是资源向上集中，形成高等级公立医院对一级、二级医院及基层医疗机构的"资源虹吸"，将医生、患者、医保资金都集中到三级医院。2010~2017 年，中国城镇地区选择三级医院就医的患者比重从 37% 上升到 50%，与之相应地，三级公立医院的医疗业务收入占全国医院比重从 56% 增加到 70%。卫生行政部门推动的"医联体"建设并不能有效促进分级诊疗，反而便捷了三甲医院从基层抢夺更多经济效益佳的患者，扩大了三甲医院的市场空间。

由此，中国在专注于尖端技术服务与长期慢性病管理两方面都存在明显的结构性短缺，是包括商业保险公司在内的社会资本办医应重点考虑的发展方向。在尖端技术服务方面，中国具有日本所不具备的优势，即日本医疗行业以医生自雇佣为主要传统，使得医生职业群体很容易形成政治上的联合力量，抵制资本进入医疗服务市场以及在设备配置上展开竞争，这也是日本医生职业群体反对开放"混合医疗"的原因之一，客观上限制了前沿技术在日本市场的应用与推广。而中国恰恰相反，缺乏医生自雇佣传统，主要以机构雇佣（特别是公立医院雇佣）为主，同时缺乏有组织的职业群体力量，政策上也给资本进入医疗服务市场留下较大空间，特别是需重资本投入的前沿技术、设备等相对日本更易进入，在社会医保控费力度不断加强、目录扩容日趋保守的大趋势下，医生也将更欢迎自费使用的新技术、新药品。在长期慢性病管理方面，公立医疗机构缺乏团队合作及高效组织管理的天然土壤，不具备提供连续性服务的能力。同时，专业化、规范化水平低，机构服务能力差异大也是导致患者"拥堵"在三甲医院的重要因素。能够提供医生规范化培训、实现初级诊疗服务标准化的社会办医未来在医疗服务市场中将对医生和患者都极具吸引力，也是未来补足"医养结合"短板的重要支撑。

在链接尖端医疗服务与日常慢性病管理方面，商业健康保险较其他社会资本更具优势。通过保险付费方式的组合式设计以及相应的激励机制，商业保险公司可以推动受保人大病诊疗、康复护理、慢性病管理等链条的有机衔接，实现健康、医疗信息共享，资源精准配置，在控制医疗费用合理支出的同时，通过优化分工提高总体效率，也可扩大利润空间。

（二）商业健康保险与社会医保链接及多层次保障支柱形成

日本商业健康保险没有经办社会医保的功能，这与日本社会医保经办本身已经实现法人化、专业化有关。以技术官僚为主导的日本官僚体系更多强调政府的精细化管理，通过管理方式、管理对象等不断调整的精准分类、分层，有序释放市场空间，防止过度竞争带来市场失序。

中国与之相反。20世纪90年代后期建立城镇职工基本医疗保险至今，虽然已经形成覆盖全民的"全民医保"制度，但社会医保经办机构仍作为"参公管理"事业单位，在人事薪酬、组织管理等方面受到国有单位特有的限制，使得社会医保经办长期运行低效、专业化水平低。新组建的国家医保局及地方医保局仍然保留这一制度弊病，这使得中国社会医保在经办方面引入商业健康保险的需求更为迫切。经济发达、官员思路开放的地区，以及经济欠发达、医保资金捉襟见肘的地区，都会对引入商业健康保险经办社会医保保持相对开放的态度。

在经办社会医保的基础上，在《关于深化医疗保障制度改革的意见》指导下，如何形成多层次医疗保障支柱、形成商业健康保险的补充性保障是保险行业普遍关注的问题。日本由于社会医保保障水平高、覆盖范围广，以及家庭收入差距不大，商业健康保险的"补充"空间相对有限。中国还远没有形成高保障水平的社会医保制度，且居民收入差距要远高于日本。特别是民营经济相对发达的地区，城镇职工医保缴费人群中民营企业参保人比重越大，当地城镇地区居民的收入差距可能越大。这使得经济较发达地区相对其他地区，中高收入人群对医疗保障的补充保障需求更先释放。在老龄化水平还相对不高的时期，这些地区还可以通过大量年轻人群缴费来提高本地退休职工的保障待遇，但随着近年医疗费用高速增长，制度抚养比相对较低的经济发达地区也面临医保资金捉襟见肘、继续扩容乏力的困境。以北京为例，尽管 2017 年城镇职工医保的在职人数为退休人数的 4.5 倍，远高于全国 2.8 倍的水平，但统筹基金结余折抵支出月数已经只有约 11 个月，远低于全国 20 个月的平均水平。

因此，对于北京这一类经济较发达但社会医保基金结余明显收窄的地区，对商业健康保险的补充性保障有更多需求，这类地区的中高收入人群相对也更有保险配置意识。即便是在未来长期护理保险以独立筹资形式推向全国后，仍然会是同样局面，因为强制筹资所提供的普惠性护理服务并不足以满足中高收入人群需求，而中国并不像日本一样排斥居民使用"混合支付"带来的医疗不平等，这扩大了商业健康保险在医疗、护理等方面的发展空间。

商业健康保险补充性保障的提供可以有多种方式，可以是在社会医保补偿基础上对个人自费部分的按比例补偿，可以是现金形式直接赔付个人，也可以是针对特定病种（如癌症或特定人群如女性的高发病种）提供保障。日本商业健康保险的经验是，由于商业健康保险缺乏对医疗资源配置的市场能力，商业健康保险公司多采用现金形式给予赔付，这种做法的好处是避免与医疗机构出现扯皮，降低交易成本，同时可以对个人及家庭因病造成的经济损失如误工损失等进行补偿，但缺陷是也不具备保险对医疗机构的控费能力，淡化了商业健康保险作为第三方的控费功能。即便是制度上允许商业健康保险和社会医保混合支付的护理服务或尖端医疗服务，商业健康保险仍然不具备控费功能，只是按照日本厚生劳动省的行政定价核定补偿比例。中国商业健康保险的发展优势是在险种开发方面更具灵活性，可以提供多种形式的保险方案选择。在经办社会医保过程中，可以及时发现社会医保政策变化（如引入 DRGs 付费）后对医疗机构的行为影响以及随之变化的市场需求。商业健康保险公司自身开办的医疗机构也可以在这些方面做出及时回应，与险种开发、保险方案多样化形成呼应。

（三）信息技术发展带来的行业利好

日本是在步入重度老龄化后才迎来了信息技术的快速发展。目前，日本金融厅已经将因应金融技术发展列入规划市场局的新工作重点之一，在其他领域，也都加强了对信息技术以及"大数据"的重视。2017 年最新通过的"医疗大数据法"允许对国民个人医疗及健康信息进行匿名化处理和整合，以使信息数据得到充分利用，促进产业创新。已有日本保险公司表示，将借助"医疗大数据法"规定所提供的数据，在阿尔茨海默病等疾病方面做险种开发。

中国社会医保的发展本身就伴随着信息技术的疾速进步。国家对"智慧医保"的重视加快了医疗信息数据化、标准化的进程。尽管目前中国还没有类似的法律支持医疗信息对商业机构开放，但这是未来可以努力争取的方向。对商业保险公司而言，如何更大限度、更深程度利用已有客户信息形成局部"大数据"，进行数据动态更新、挖掘，也是需要提前考虑布局的命题。数据收集的结构性信息也将为未来商业保险险种开发、市场开拓提供更多支持。

（四）行业自律及品牌构建

在社会文化方面，中国与日本共有的特征是从道德上对商业有天然的不信任。这种情况下，除了政府监管外，行业自治、自律有至关重要的作用。行业自发维护、完善行业发展的专业化、规范化水平，对树立行业声誉、规范市场行为至为关键。在缺乏有力行业协会以及行业自发联合行动的当下，有社会责任感的商业保险公司需要有"带头"的规范意识和自我驱动，以带动行业的健康有序发展。

附录 1　关于参考资料的说明

本书的主要参考资料包括政府统计数据、法律法规、行业报告、学术论文和新闻报道等。分类说明如下。

一　国际方面的资料

主要来自经济合作与发展组织的数据库（OECD statistics）和世界银行，以及相关国家的官方统计数据。中国的资料来自中国国家统计局和各地方统计公报等。

二　日本方面的资料

1. 法律和政令等
。《国民健康保险法》
。《健康保险法》
。《保险业法》
。《保险法》
。《医疗法》
。《个人信息保护法》
。《下一代医疗平台法》
。《〈保险业法〉施行规则》
。金融厅的《保险公司监管指南》《小额短期保险业监管指南》
。金融厅关于具体事项的告示
。金融厅发布的监管事例集

◦厚生劳动省对医疗系统和社会医保方面具体概念和制度的官方说明

◦其他政府部门（如财务省）发布的相关说明

2. 政府的统计和数据

◦厚生劳动省的各项统计（人口数据；医疗供给；社会保险）

◦《厚生统计要览》

◦厚生劳动省发布的《人口、劳动与福利白皮书》

◦厚生劳动省的"尖端医疗会议"记录与统计资料

◦金融厅的各项统计资料

◦总务省统计局的《日本统计年鉴》

3. 行业协会和社会组织的资料

◦人寿保险协会、财产保险协会、短期小额保险协会、保险经纪人协会、保单持有人保护组织、人寿保险文化中心、全国健康保险协会、日本医师协会、全国保险医团体联合会等各协会官网。包括组织发布的倡议和从业原则、进行的各项统计、开展的抽样调查等。

◦由保险公司行业协会收集的各公司年报，以及各公司上报协会的其他资料。

4. 学术论文

◦《保险学杂志》收录的论文（2006~2019 年）

◦论文集「民間医療保険の戦略と課題」，劲草书房，2006

◦保险学学者的其他论文

◦法律界人士的相关论文

◦关于医疗供给和医药分业的论文

◦日文资料以外，中文和英文的论文（主要是英文研究以及中国台湾地区的研究）

5. 其他资料

◦用关键词搜索得到的新闻报道（来源包括日本最重要的四种全国性报纸《读卖新闻》、《朝日新闻》、《每日新闻》、《产经新闻》，以及其他地方性报纸、电视报道等）

◦一些金融机构提供的通信和分析等

。保险资讯网站提供的资料

。综合性资讯网站为用户提供的说明性资料（如概念解释、消费者调查、业内科普文章等）

附录2　中日商业健康保险发展及监管情况对比

附表1　中日商业健康保险监管简要比较

商业健康保险发展		中国	日本
宏观背景	保险深度（%，2018）	4.1	7.8
	保险密度（美元，2018）	385	3010
社会结构（基尼系数，2019）		0.38	0.33
社会医保	覆盖率	全覆盖	全覆盖
	保障水平	板块化、碎片化、差异化	高基准，保障水平随年龄递增
个人卫生支出占人均国民收入比重（%，2018）		28.7	12.7
商业健康保险功能定位		国家多层次医疗保障体系的重要组成部分	仅作为产业政策的一部分推动发展
税收优惠		最高年扣除2400元人民币，约占人均国民收入3.6%	最高年扣除6.8万日元，约占人均国民收入1.2%
健康险保费收入（亿元人民币，2018）		5448	4448
健康险保险深度（%，2018）		0.6	1.3
健康险保险密度（人民币，2018）		391.9	3530.2
开展健康险的寿险公司数量（家）		81	41

153

续表

商业医保发展		中国	日本
业务范围	保障内容分类	医疗／疾病／护理／失能收入损失／医疗意外	医疗／疾病／女性／护理／失能收入损失
	保障期限分类	长期／短期（区别于是否保证续保）	终身型／定期型
	保障给付类型	区分社会医保参保人	定额给付型为主，不区分是否为社会医保参保人
	社会医保联动	补充医疗保险＋社会医保经办	仅限少数允许"混合医疗"领域，如尖端技术、护理等
	医疗服务联动	允许商业保险公司办医	不允许任何社会资本办医，允许办护理机构
监管框架	监管主体	保监会	金融厅
	监管结构	政府主导	政府—行业协会—社会组织联动
	监管方式	事前审批＋事中／事后监管	事前审批＋事后监管
	经营主体	人寿保险／养老保险／健康保险	人寿保险／财产保险，无健康险单独牌照
	监管内容	市场／产品准入；偿付能力监管	市场／产品准入；偿付能力监管
	监管特征	一定审批程序下，过程／结果监管并存	一定审批程序下，结果监管为主
	被保险人权益保护	无被保险人代理组织，依托于政府／法律保护	政府／法律保护结合行业协会及保单持有人保护组织
	信息安全	有要求但无具体要求	需遵循《个人信息保护法》
医疗服务市场	市场准入	鼓励社会资本办医	禁止社会资本办医
	信息采集	卫生部门公开数据	卫生部门公开数据（较翔实）＋社会医保给付统计
	市场特征	垄断性公立医院为主导，诊疗差异化程度高	相对分散，诊疗标准化程度高

注：日本对所有寿险产品给予同样税收优惠。

附表 2 中国《健康保险管理办法》(2019)与日本相关规定的比较

《健康保险管理办法》		具体内容	日本比较对照
第一章 总则		第一条 为了促进健康保险活动当事人的发展，规范健康保险的经营行为，保护健康保险活动当事人的合法权益，提升人民群众健康保障水平，根据《中华人民共和国保险法》(以下简称《保险法》)等法律、行政法规，制定本办法。	健康保险监管在日本未出台单独监管办法。
	保险产品定义	第二条 本办法所称健康保险，是指由保险公司对被保险人因健康原因或者医疗行为的发生给付保险金的保险，主要包括医疗保险、疾病保险、失能收入损失保险、护理保险以及医疗意外保险等。 本办法所称医疗保险，是指按照保险合同约定为被保险人的医疗、康复等提供保障的保险。 本办法所称疾病保险，是指发生保险合同约定的疾病时，为被保险人提供保障的保险。 本办法所称失能收入损失保险，是指以保险合同约定的疾病或者意外伤害导致工作能力丧失为给付保险金条件，为被保险人在一定时期内收入减少或者中断提供保障的保险。 本办法所称护理保险，是指按照保险合同约定为被保险人日常生活能力障碍引发护理需要提供保障的保险。 本办法所称医疗意外保险，是指按照保险合同约定发生不能归责于医疗机构、医护人员责任的医疗损害，为被保险人提供保障的保险。	日本无"医疗意外保险"；其余统属"第三分类保险"范畴。
	功能定位	第三条 健康保险是国家多层次医疗保障体系的重要组成部分，坚持健康保险的保障属性，致励保险公司遵循审慎、稳健原则，不断丰富健康保险产品，改进健康保险服务，扩大健康保险覆盖面，并通过有效管理和市场竞争降低健康保险价格和经营成本，提升保障水平。	日本不从国家层面强调建立"国家多层次医疗保障体系"，商业健康保险不作为社会医保发展的国家战略性补充。主要自产业角度鼓励商业健康保险发展，而非社会福利角度。

155

《健康保险管理办法》		具体内容	日本比较对照
第一章 总则	保险期限	第四条 健康保险按照保险期限分为长期健康保险和短期健康保险。 长期健康保险，是指保险期间超过一年或者保险期间虽不超过一年但含有保证续保条款的健康保险。 长期护理保险保险期间不得低于5年。 短期健康保险，是指保险期间为一年以下且不含有保证续保条款的健康保险。 保证续保条款，是指在前一保险期间届满前，投保人提出续保申请，保险公司必须按照原条款约定按费率继续承保的合同约定。	日本不以是否保证续保作为长短期保险产品的区分条件。保险公司可以提供保证续保或不保证续保的长短期保险产品。"小额短期保险"作为一种特殊牌照，只能经营不超过2年的、保险金以1000万日元（约合人民币65万元）的保险产品，但此类短期产品可以保证续约，也可不保证续约。 是否保证同费率续保，在日本主要体现为终身型产品与定期型产品差异。定期型产品不承诺按费率续保，通常以10年或15年作为初始合同期限，续保届满时根据续签时个人健康状况重新计算保费，但保费不能与个人健康状况挂钩。原则上，续保的保险范围、金额以及期限在规定限额内保持不变。
	保险给付类型	第五条 医疗保险按照保险金的给付性质分为费用补偿型医疗保险和定额给付型医疗保险。 费用补偿型医疗保险，是指根据被保险人实际发生的医疗、康复费用支出，按照约定的标准确定保险金数额的医疗保险。 定额给付型医疗保险，是指按照约定的数额给付保险金的医疗保险。 费用补偿型医疗保险的给付金额不得超过被保险人实际发生的医疗、康复费用金额。	日本相关法规中不做强制性分类，但保险市场实际存在此两类产品，并以定额给付型产品为主。医疗服务中，只有"尖端医疗"这一类主要应用前沿技术、前沿药品的医疗服务，存在社会医疗保险的费用补偿；护理服务允许社会健康保险与商业健康保险共同做费用补偿。除此之外，商业健康保险给付主要通过定额现金给付形式，直接给付较保险给付人。费用超过实际发生的医疗、康复费用，无明确规定，由保险机构自主设计。

续表

《健康保险管理办法》		具体内容	日本比较对照
第一章 总则	监管主体	第六条 中国银行保险监督管理委员会（以下简称银保会）根据法律、行政法规和国务院授权，对保险公司经营健康保险的活动进行监督管理。	日本监管机构为内阁府金融厅，无地方分支机构，主要委托财务省各地方派驻机关执行相关金融业务，受金融厅指挥监督。财务局是日本中央财务省厅在各地的派出机关，受中央垂直管理。
	执行范畴	第七条 保险公司开展的与健康保险相关的政策性保险业务，除国家政策另有规定外，参照本办法执行。 保险公司开展不承担保险风险的委托管理服务不适用本办法。	
	经营主体	第八条 依法成立的健康保险公司、人寿保险公司、养老保险公司，经银保会批准，可以经营健康保险业务。 前款规定以外的保险公司，经银保会批准，可以经营短期健康保险业务。	保险公司仅区分人寿保险和财产保险两类，均可经营健康保险业务。保险期限与保金上限受限的小额短期保险公司也可经营健康保险业务。开展此类业务不需金融厅审批，但具体产品设计需经审批方可上市。
第二章 经营管理	组织要求	第九条 除健康保险公司外，保险公司经营健康保险业务应当成立专门健康保险事业部。健康保险事业部应当持续具备下列条件： （一）建立健康保险业务单独核算制度； （二）建立健康保险精算制度和风险管理制度； （三）建立健康保险核赔制度和理赔制度； （四）建立健康保险数据管理与信息披露制度； （五）建立功能完整、相对独立的健康保险信息管理系统； （六）配备具有健康保险专业知识的精算人员、核保人员、核赔人员和医学教育背景的管理人员； （七）银保会规定的其他条件。	日本要求保险公司设立相关制度，但不要求以何种组织形式或成立特定部门。

157

续表

《健康保险管理办法》		具体内容	日本比较对照
第二章 经营管理	人员培训	第十条 保险公司应当对从事健康保险的核保、理赔以及销售等工作的从业人员进行健康保险专业培训。	日本对保险业从业人士有统一资质要求，不针对健康保险领域设立单独要求。
	隐私保护	第十一条 保险公司应当加强投保人、被保险人和受益人的隐私保护，建立健康保险客户信息管理和保密制度。	日本出台《个人信息保护法》，保险公司对客户的信息管理与保密遵循相关法律规定。不单独针对保险公司设立信息管理与保密的相关规定。
	费率拟定	第十二条 保险公司拟定健康保险的保险条款和保险费率，应当按照银保监会的有关规定报送审批或者备案。享受税收优惠政策的健康保险产品在审批或审核时应当遵循相关政策和监管要求。	日本保险合同条款需遵守《保险法》相关规定，具体产品设计需经金融厅审批。健康保险享有税收优惠政策，但不需承担额外的监管要求。
第三章 产品管理	责任明确	第十三条 保险公司拟定的健康保险产品包含两种以上健康保障责任的，应当由总精算师按照一般精算原理判断主要责任，并根据主要责任确定产品类型。	日本监管中主要强调保险公司责任，不强调总精算师责任。不针对总精算师提出权责要求。
	保险范畴	第十四条 医疗意外保险和长期疾病保险产品可以包含死亡保险责任。长期疾病保险的死亡给付金额不得高于疾病最高给付金额。其他健康保险产品不得包含死亡保险责任，但因疾病引发的死亡保险责任除外。医疗保险、疾病保险和医疗意外保险产品不得包含生存保险责任。	日本无相关规定，取决于保险公司自主产品设计。
	犹豫期设置	第十五条 长期健康保险产品应当设置合同犹豫期，并在保险条款中列明投保人在犹豫期内的权利。长期健康保险产品的犹豫期不得少于15天。	日本无相关规定。

续表

《健康保险监管办法》		具体内容	日本比较对照
	短期险规定	第十六条　保险公司应当严格按照审批或者备案的产品费率销售短期个人健康保险产品。	日本各类保险产品都需按照审批或者备案的产品费率销售
	保费影响因子	第十七条　保险公司不得基于被保险人其他遗传信息、基因检测资料进行区别定价。	日本无相关规定。
第三章 产品管理	团体险规定	第十八条　短期团体健康保险产品可以对产品参数进行调整。产品参数,是指保险产品条款中根据投保团体的具体情况进行合理调整的保险金额、起付金额、给付比例、除外责任、责任等待期等事项。 第十九条　保险公司将可调整的短期团体健康保险产品报送审批或者备案时,提交的申请材料应当包含产品参数调整办法,并由总精算师遵循审慎原则签字确认。 保险公司销售可调整产品参数的短期团体健康保险产品,应当根据产品参数调整办法、自身风险管理水平和投保团体的风险情况计算相应的保险费率,且产品参数的调整不得改变费率计算方法以及费率计算所需要的基础数据。 保险公司销售的可调整的短期团体健康保险产品,如需改变产品参数计算所需要的基础数据的,应当将该产品重新报送审批或者备案。	日本金融厅审查保险产品的原则中有类似规定。
	费率调整	第二十条　保险公司可以在保险产品中约定对长期医疗保险产品进行费率调整,并明确注明费率调整的触发条件。 长期医疗保险产品费率调整应当遵循公平、合理原则,触发条件应当客观且能普遍适用,并符合有关监管规定。	日本金融厅审查保险产品的原则中有类似规定。

续表

《健康保险管理办法》		具体内容	日本比较对照
第三章 产品管理	保证续保	第二十一条 含有保证续保条款的健康保险产品，应当明确约定保证续保条款的生效时间。 含有保证续保条款的健康保险产品不得约定在续保时保险公司有减少保险责任和增加责任免除范围的权利。 保险公司将含有保证续保条款的健康保险产品报送审批或者备案的，应当在产品精算报告中说明保证续保的定价处理方法和责任准备金计算办法。	日本金融厅审查保险产品的原则中有类似规定。
	保障被保险人权益	第二十二条 保险公司拟定医疗保险产品条款，应当尊重被保险人接受合理医疗服务的权利，不得在条款中设置不合理的或者违背一般医学标准的要求作为给付保险金的条件。 第二十三条 保险公司在健康保险产品条款中约定的疾病诊断标准，并考虑到医学诊断标准确诊技术条件发展的趋势。 健康保险合同生效后，被保险人根据通行的医学诊断标准被确诊疾病的，保险公司不得以该诊断标准与保险合同约定不符为理由拒绝给付保险金。	日本金融厅审查保险产品的原则中有类似规定。产品设计中考虑医学发展趋势，主要由行业协会发出倡议。
	被保险人区分	第二十四条 保险公司设计费用补偿型医疗保险产品，必须区分被保险人是否拥有公费医疗、基本医疗保险，其他费用补偿型医疗保险，费率或者赔付金额等方面予以区别对待。	日本无相关规定。
	保障被保险人权益	第二十五条 被保险人同时拥有多份有效的费用补偿型医疗保险单的，可以自主决定理赔申请顺序。	日本保险产品同相互独立，某产品理赔不影响其他产品理赔额度，因而理赔申请顺序无实质影响。

续表

《健康保险监管办法》		具体内容	日本比较对照
	保险定点机构	第二十六条 保险公司可以同投保人约定，以被保险人在指定医疗机构中进行医疗为给付保险金的条件。保险公司指定医疗机构应当遵循方便被保险人、合理管理医疗资源、节省医疗费用支出为本的原则，引导被保险人合理使用医疗资源，并对投保人和被保险人做好说明、解释工作。	日本无相关规定。绝大多数情况下，所有社保定点医疗机构都是商保定点。少有商保公司以部分医疗机构作为有限定点。只有"尖端医疗"存在机构清单，即在社会医保允许"混合医疗"的医疗机构中做费用补偿。
	等待期设置	第二十七条 疾病保险、医疗保险、护理保险产品的等待期不得超过 180 天。	日本不超过 3 个月或 90 天。
	济贫要求	第二十八条 医疗保险产品可以在定位、赔付条件、保障范围等方面对贫困人口适当倾斜，并以书面形式予以明确。	日本无相关规定。
第三章产品管理	护理保险	第二十九条 护理保险产品在保险期间届满前给付的生存保险金，应当以被保险人因保险合同约定的日常生活能力发生障碍引发护理需要为给付条件。	日本有类似规定，给付条件可以按照公共长期护理保险要求，也可以由商保公司自行制定。
	保障拓展	第三十条 鼓励保险公司开发医疗保险产品，对新药品、新医疗器械和新诊疗方法在医疗服务中的应用支出进行保障。	日本行业协会有类似倡议。
	大数据应用	第三十一条 鼓励保险公司采用大数据等新技术提升风险管理水平。对于事实清楚、责任明确的健康保险理赔申请，保险公司可以借助互联网等信息技术手段，对被保险人的数字化理赔申请进行审核，简化理赔流程，提升服务效率。	日本行业协会有类似倡议。
	费率修订	第三十二条 保险公司应当根据健康保险产品实际赔付经验，对产品定价进行回溯、分析，及时修订新销售的健康保险产品费率，并按照银保监会有关规定进行审批或备案。	日本监管仅针对保险公司报批的产品内容，不涉及保险公司产品费率是否"及时修订"。

161

续表

《健康保险监管办法》		具体内容	日本比较对照
第三章 产品管理	产品创新	第三十三条 鼓励保险公司提供创新型健康保险产品，满足人民群众多层次多样化的健康保障需求。	日本行业协会有类似倡议。
	创新原则	第三十四条 保险公司开发的创新型健康保险产品应当符合《保险法》和保险基本原理，并按照有关规定报银保监会审批或者备案。	日本按照一视同仁原则对报批产品审批，不强调产品是否"创新"。
	合法范畴	第三十五条 保险公司销售健康保险产品，应当严格执行经审批或者备案的保险条款和保险费率。	日本《保险业法》及金融厅都有类似规定。
	强制提供/自愿购买	第三十六条 经过审批或者备案的健康保险产品，除法定理由和条款另有约定外，保险公司不得拒绝提供。保险公司销售健康保险产品，不得强制搭配其他产品销售。	日本保险公司产品经审批上市后，公司保有继续上市销售或撤出市场的权利。消费者本着自愿原则选购商保产品。
	销售渠道	第三十七条 保险公司不得委托医疗机构或者医护人员销售健康保险产品。	日本《保险业法》规定，只有登记的保险销售人员以及银行从职员可以销售保险产品。
第四章 销售管理	信息采集	第三十八条 保险公司销售健康保险产品，不得非法搜集、获取被保险人除家族遗传病史之外的遗传信息、基因检测信息，也不得要求投保人、被保险人提供上述信息。保险公司不得以被保险人家族遗传病史之外的遗传信息、基因检测资料作为核保条件。	日本无相关规定。经被保险人同意，商保公司可调取医疗记录；行业协会提供统一被保险人在其他商保公司购买的产品的医疗记录。被保险人也可购买无须提供健康记录的商保产品。
	告知责任	第三十九条 保险公司销售健康保险产品，应当以书面或者口头等形式向投保人说明保险合同的内容，对于下列事项做出明确告知，并由投保人确认。	

续表

《健康保险管理办法》		具体内容	日本比较对照
	告知责任	（一）保险责任； （二）保险责任的减轻或者免除； （三）保险责任等待期； （四）保险合同犹豫期以及投保人相关权利义务； （五）是否提供保证续保以及续保要求； （六）理赔程序以及理赔相关文件要求； （七）组合式健康保险产品中各产品的保险期间； （八）银保监会规定的其他事项。 第四十条 保险公司销售健康保险产品，不得夸大保险保障范围，不得隐瞒责任免除，不得误导投保人和被保险人。投保人和被保险人就保险条款中的保险、医疗和疾病等专业术语提出询问的，保险公司应当用清晰易懂的语言进行解释。	日本《保险业法》和《保险法》有近似规定。前者约束销售人员，后者是规制合同内容。
第四章 销售管理	被保险人身份区分	第四十一条 保险公司销售费用补偿型医疗保险，应当向投保人询问被保险人是否拥有公费医疗、基本医疗保险或者其他费用补偿型医疗保险的情况，投保人应当如实告知。 保险公司应当向投保人说明未如实告知的法律后果，并做好相关记录。 保险公司不得诱导投保人为同一被保险人重复购买保障功能相同或者类似的费用补偿型医疗保险产品。	日本无相关规定。
	定点机构	第四十二条 保险公司销售医疗保险，应当向投保人告知约定医疗机构的名单或者资质要求，并提供查询服务。 保险公司调整约定医疗机构的，应当及时通知投保人或者被保险人。	日本《保险法》和金融厅有类似规定。

日本商业健康保险监管体系研究

《健康保险监管办法》		具体内容	日本比较对照
第四章 销售管理	附加险期限	第四十三条 保险公司以附加险形式销售无保证续保条款的健康保险产品的,附加险的保险期限不得小于主险保险期限。	日本有类似规定。
	犹豫期回访	第四十四条 保险公司销售长期个人健康保险产品的,应当在犹豫期内对投保人进行回访。保险公司在回访中发现投保人被误导的,应当做好解释工作,并明确告知投保人有依法解除保险合同的权利。	日本无相关规定。
	团体险告知责任	第四十五条 保险公司承保团体健康保险,应当以书面或者口头等形式告知每个被保险人其参保情况以及相关权益。	日本《保险法》及金融厅有类似规定。
	团体险解约	第四十六条 投保人解除团体健康保险合同的,保险公司应当要求投保人提供已通知被保险人退保的有效证明,并按照银保监会有关团体健康保险退保的规定将退保险金通过银行转账或者原投保资金汇入路径退至投保人缴费账户或者其他账户。	日本无相关规定。
	信息上报	第四十七条 经营健康保险业务的保险公司应当按照本办法有关规定提交上一年度的精算报告或者准备金评估报告。	日本金融厅有类似规定。
第五章 准备金评估	责任准备金提取	第四十八条 对已经发生保险事故并已提出索赔、保险公司尚未结案的赔案,保险公司应当采取逐案估计法、案均赔款法等合理的方法谨慎提取已发生已报案未决赔款准备金。保险公司如果采取逐案估计法之外的精算方法计提已发生已报案未决赔款准备金,应当详细报告该方法的基础数据、参数设定和估计方法,并说明基础数据来源、数据质量以及准备金计算结果的可靠性。	

续表

《健康保险监管办法》		具体内容	日本比较对照
第五章 准备金评估	责任准备金提取	保险公司总精算师不能确认估计方法的可靠性或者相关业务的经验数据不足3年的，应当按照已经提取足额的赛赔金额提取已发生已报案未决赔款准备金。 第四十九条 对已经发生保险事故但尚未提出的赔偿或者给付，应当提取已发生未报案未决赔款准备金。 保险公司应当根据保险险种的风险性质和经验数据等因素，至少采用链梯法、案均赔款法、准备金进展法、B-F法、赔付率法中的两种方法评估已发生未报案未决赔款准备金，并选取评估结果的最大值确定最佳估计值。 保险公司应当详细报告已发生已报案未决赔款准备金的基础数据、计算方法和参数设定，并说明基础数据来源、数据质量以及准备金计算结果的可靠性。 保险公司总精算师判断数据基础不能确保计算结果的可靠性，或者相关业务的经验数据不足3年的，应当按照不低于该会计年度实际赔款支出的10%提取已发生未报案未决赔款准备金。 第五十条 对于短期健康保险业务，保险公司应当提取未到期责任准备金。 短期健康保险提取未到期责任准备金，可以采用下列方法之一： （一）二十四分之一毛保费法（以月为基础计提）； （二）三百六十五分之一毛保费法（以天为基础计提）； （三）根据风险分布状况可以采用其他低于方法（一）和（二）所得结果的较小者。 第五十一条 短期健康保险提取未到期责任准备金应当不低于下列两者中较大者：	日本由监管部门金融厅委托精算协会制定计算依据，而后公告责任准备金计算的基准利率（预定死亡率和预定利率）。监管部门判断保险公司是否有能力应对无法预测的风险，主要依据"边际偿付能力比率"指标设置，根据"边际清偿力比率"等级，制定相应的早期预警系统及应对措施。

《健康保险管理办法》		具体内容	日本比较对照
第五章 准备金评估	责任准备金 提取	（一）预期未来发生的赔款与费用扣除相关投资收入之后的余额； （二）在责任准备金评估所有保单日假设所有的退保准备金额。 未到期责任准备金不足的，应当提取保单退保费不足准备金，用于弥补未到期责任准备金和前款两项中较大者之间的差额。 第五十二条 本办法所称责任准备金，偿付能力报告责任准备金，财务报告责任准备金，分别按照责任准备金的计提按照财政部和银保监会的相关规定执行。 第五十三条 长期健康保险未到期责任准备金的计提办法应当按照银保监会的相关规定执行。	
	准备金提取 备案	第五十四条 保险公司应当按照再保前、再保后分别向银保监会报告准备金提取结果。	日本金融厅有类似规定。
	允许健康干预	第五十五条 保险公司可以将健康保险产品与健康管理服务相结合，提供健康风险评估和干预、疾病预防、健康体检、健康咨询、健康维护、慢性病管理、养生保健等服务，降低健康风险、减少疾病损失。	日本金融厅有类似规定。行业协会有类似倡议。
第六章 健康管理服 务与合作	合同规定	第五十六条 保险公司开展健康管理服务的，有关健康管理服务内容可以在保险合同条款中列明，也可以另行签订健康管理服务合同。	日本金融厅有类似规定，主要集中于护理服务。日本不允许社会资本投资办医。
	成本核算	第五十七条 健康保险产品提供健康管理服务，其分摊的成本不得超过净保险费的20%。 超出以上限额的服务，应当单独定价，不计入保险费，并在合同中明示健康管理服务价格。	日本商保公司提供的健康服务不要求计入单个保险产品的成本核算，保险公司自主决定成本核算方式，也可以自主决定健康服务收费方式。

续表

《健康保险管理办法》		具体内容	日本比较对照
第六章 健康管理服务与合作	医疗行为干预	第五十八条 保险公司经营医疗保险，应当加强与医疗机构、健康管理机构、康复服务机构等合作，为被保险人提供优质、方便的医疗服务。保险公司经营医疗保险，应当按照有关政策文件规定，监督被保险人医疗行为的真实性和合法性，加强医疗费用支出合理性和必要性管理。	日本无法律规定。行业协会有类似倡议。
	费用控制	第五十九条 保险公司应当积极发挥健康保险费率调节机制对医疗费用和风险管控的作用，降低不合理的医疗费用支出。	日本无相关规定。
	医患关系	第六十条 保险公司应当积极发挥作为医患关系第三方的作用，帮助缓解医患信息不对称，促进解决医患矛盾纠纷。	行业协会倡议在"尖端医疗"中发挥积极作用
	被保险人权益保护	第六十一条 保险公司与医疗机构、健康管理机构之间的合作，不得损害被保险人的合法权益。	日本《保险业法》和《保险法》都有类似规定。
	信息安全	第六十二条 保险公司办理健康保险业务，应当按照法律、行政法规的规定，充分保障客户隐私和数据安全，依据服务范围和服务对象与医疗机构、基本医保部门等进行行业必要的信息互联和数据共享。	日本出台《个人信息保护法》，保险公司对客户的信息管理与保密需遵循相关法律的相关规定。
第七章 再保险管理	法律依据	第六十三条 保险公司办理健康保险再保险业务，应当遵守《保险法》和银保监会有关再保险监管的规定。	日本《保险业法》有类似规定。
	再保险主体限定	第六十四条 保险公司分支机构不得办理健康保险分入业务，再保险公司分支机构除外。	日本无相关规定。

附表 3　2013 年日本与 OECD 主要国家医疗保健服务使用、支出与资源对比

指标	日本	德国	法国	瑞典	英国	美国	OECD 平均
医疗保险覆盖率（公共医保 / 商业健康保险）	公共 100%	公共 88.9%	公共 99.9%	公共 100%	公共 100%	公共 31.8%	—
	—	商业 11.0%	—	—	—	商业 53.1%	—
平均年住院时长（天）	17.9	9.3	9.2	5.5	7.3	6.1	6.0
平均年咨询医生次数（次）	13.1	9.7	6.8	3.0	5.0	4.1	6.7
自付医疗支出 / 家庭消费总支出（%）	2.2%	1.8%	1.5%	3.3%	1.5%	2.9%	2.9%
65 岁时自主报告疾病状况的比例（%）	18.4%	38.7%	37.3%	63.2%	59.5%	75.2%	42.2%
国民药品总支出 / 国民生产总值（%）	1.9%	1.6%	1.8%	1.1%	NA	2.1%	1.5%
仿制药所占市场份额（%）	9%	35%	12%	NA	28%	NA	19%
基尼系数	0.329	0.292	0.291	0.268	0.358	0.396	—

数据来源: 2013 年 OECD 卫生统计数据。

附表 4　日本人寿保险公司一览

日文名	英文或中文名	备注	成立年份
アクサ生命保険株式会社	AXA Life Insurance Co., Ltd.	法资	1994
アクサダイレクト生命保険株式会社	AXA Direct Life Insurance Co., Ltd	法资	2006
朝日生命保険相互会社	朝日人寿保险公司		1947
アフラック生命保険株式会社	Aflac Life Insurance Japan Ltd.	美资	1974
イオン・アリアンツ生命保険株式会社	AEON Allianz Life Insurance Co., Ltd.	德资	2006
SBI 生命保険株式会社	SBI 人寿保险公司		1990
エヌエヌ生命保険株式会社	NN Life Insurance Co. Ltd.	荷资	1995

续表

日文名	英文或中文名	备注	成立年份
FWD 生命保险株式会社	FWD 人寿保险公司	港资	1996
オリックス生命保険株式会社	ORIX Life Insurance Corporation		1991
カーディフ生命保険株式会社	Cardif Assurance Vie Japan	法资	2000
株式会社かんぽ生命	日本邮政简保人寿保险公司		2006
クレディ・アグリコル生命保険株式会社	Crédit Agricole S.A.	法资	2006
ジブラルタ生命保険株式会社	The Gibraltar Life Insurance Co., Ltd.	美资	1947
住友生命保険相互会社	住友人寿保险公司		1947
ソニー生命保険株式会社	Sony Life Insurance Co., Ltd.		1979
ＳＯＭＰＯひまわり生命保険株式会社	SOMPO 向日葵人寿保险公司		1981
第一生命保険株式会社	第一人寿保险公司		1902
第一フロンティア生命保険株式会社	第一 Frontier 人寿保险公司		2006
大樹生命保険株式会社	大树人寿保险公司		1947
大同生命保険株式会社	大同人寿保险公司		1947
太陽生命保険株式会社	太阳人寿保险公司		1948
チューリッヒ生命	Zurich Life Japan	瑞资	1996
T&D フィナンシャル生命保険株式会社	T&D Financial Life Insurance Company		1996
東京海上日動あんしん生命保険株式会社	东京海上日航安心人寿保险公司	损保分公司	1996
なないろ生命保険株式会社	七色人寿保险公司		2021
ニッセイ・ウェルス生命保険株式会社	Nippon Wealth Life Insurance Company Limited		1947
日本生命保険相互会社	日本人寿保险公司		1947

续表

日文名	英文或中文名	备注	成立年份
ネオファースト生命保険株式会社	The Neo First Life Insurance Co., Ltd.		1999
はなさく生命保険株式会社	花开人寿保险公司		2019
フコクしんらい生命保険株式会社	富国信赖人寿保险公司		1996
富国生命保険相互会社	富国人寿保险公司		1923
プルデンシャル ジブラルタ ファイナンシャル生命保険株式会社	The Prudential Gibraltar Financial Life Insurance Co., Ltd.	英资	2001
プルデンシャル生命保険株式会社	The Prudential Life Insurance Co., Ltd.	英资	1987
マニュライフ生命保険株式会社	Manulife Life Insurance Company	加资	1999
三井住友海上あいおい生命保険株式会社	三井住友海上相生人寿保险公司	损保分公司	1996
三井住友海上プライマリー生命保険株式会社	三井住友海上 Promary 人寿保险公司	损保分公司	2001
みどり生命保険株式会社	绿色人寿保险公司		2007
明治安田生命保険相互会社	明治安田人寿保险公司		1947
メットライフ生命保険株式会社	MetLife Insurance K.K.	美资	2012
メディケア生命保険株式会社	Medicare Life Insurance Co.,Ltd.		2009
ライフネット生命保険株式会社	LIFENET Insurance Company		2006
楽天生命保険株式会社	乐天人寿保险公司		2007
チューリッヒ・ライフ・インシュアランス・カンパニー・リミテッド（注1）	Zurich Insurance Group Ltd.	瑞士保险公司	

注：这是被许可在日本经营的瑞士保险公司。各公司成立时间来自其在人寿保险行业组织登记的资料。

资料来源：日本金融厅「生命保険会社免許一覧」；一般社团法人生命保険協会「会員会社一覧」；一般社团法人生命保険協会「生命保険会社変遷図」。

附表 5　日本商业健康保险产品举例

公司	保险商品	商品种类	月保费	签约年龄限制	保障期限	住院补偿日额	一次住院日数限度	总住院日数限度	每次手术补偿	特定疾病	尖端医疗
Aflac	ちゃんと応える医疗保险EVER	医疗保险	(35岁男性) 2,779日元	20~59岁	终身	1万日元	30天	1,095天	5万日元	增加住院补偿1万日元	上限2,000万日元
AXA Direct	アクサダイレクトの定期医疗	医疗保险	(35岁男性) 1,740日元	20~69岁	10年(可续约至满80岁)	1万日元	60天	1,095天	10万日元	无	无
Orix	医疗保险 新CURE[キュア]	医疗保险	(35岁男性) 3,247日元	0~80岁	终身	1万日元	60天	1,000天	20万/5万日元	住院补偿天数增加一倍(加上60天)。若因三种主要疾病(癌症,心脏病,脑血管疾病)住院,则可以保证无限制的住院付款天数	上限2,000万日元
Zurich	终身医疗保险プレミアムDX	医疗保险	(35岁男性) 1,802日元	6~75岁	终身	5,000日元	30天	1,095天	5万日元	无限制的住院付款天数	上限2,000万日元
乐天	乐天生命スーパー医疗保险	医疗保险	(35岁男性) 2,370日元	20~84岁	终身	5,000日元	60天	1,095天	10万/2.5万日元	住院补偿天数增加一倍(加上60天)。若因三种主要疾病(癌症,心脏病,脑血管疾病)住院,则可以保证无限制的住院付款天数	上限2,000万日元

续表

公司	保险商品	商品种类	月保费	签约年龄限制	保障期限	住院补偿日额	一次住院日数限度	总住院日数限度	每次手术补偿	特定疾病	尖端医疗
東京海上日動	メディカル Kit NEO 女性プラン	女性保险	（35岁女性）1,999日元	6～75岁	终身	5,000日元	60天	1,095天	5万/2.5万日元	无	上限2,000万日元
MetLife	Flexi S（フレキシエス）女性専用タイプ	女性保险	（35岁女性）5,067日元	18～75岁	终身	1万日元	60天	1,095天	20万/5万日元	无	附属合约每10年更新一次
Orix	新CURE Lady [キュア・レディ]	女性保险	（35岁女性）3,252日元	16～60岁	终身	1万日元	60天	1,000天	20万/5万日元	增加住院补偿5,000日元	上限2,000万日元
lifenet	终身医疗保险 じぶんへの保険3 レディース	女性保险	（35岁女性）2,158日元	20～70岁	终身	5,000日元	60天	1,095天	5万/2.5万日元	无	无
Zurich	终身医疗保险 プレミアム DX Lady	女性保险	（35岁女性）2,492日元	6～75岁	终身	5,000日元	30天	1,095天	5万日元	增加住院补偿5,000日元	上限2,000万日元

续表

公司	保险商品	商品种类	月保费	签约年龄限制	保障期限	癌症诊断补偿	住院补偿日额	癌症手术补偿	癌症门诊给付日额	尖端医疗	其他保障
Aflac	生きるためのがん保険 Days1	癌症保险	（35岁男性）4,084日元	0~85岁	终身	50万日元	1万日元	20万日元	1万日元	附属合约每10年更新一次	附属合约每10年更新一次
SBI	SBI 損保のがん保険（自由診療タイプ）(がん治療費用保険)	癌症保险	（35岁男性）670日元	20~74岁	5年（可续约至满90岁）	100万日元	全额补偿	全额补偿	全额补偿，上限1,000万日元	无上限	无
Zurich	終身ガン治療保険プレミアムDX	癌症保险	（35岁男性）2,302日元	6~80岁	终身	无	无	无	5,000日元	上限2,000万日元	无
lifenet	がん保険 ダブルエール	癌症保险	（35岁男性）1,436日元	20~70岁	终身	100万日元	无	无	无	无	无
AXA Direct	アクサダイレクトのがん終身	癌症保险	（35岁男性）2,080日元	20~69岁	终身	100万日元	1万日元	无	无	无	无

续表

公司	保险商品	商品种类	月保费	签约年龄限制	保障期限	总补偿额	护理等级要求	死亡/高度残障补偿金
三井住友海上	新医疗保险Ａプレミア 介護重点プラン	护理保险	(40岁男性) 6,709日元	20～85岁	终身	60万日元	社会医保体系标准的护理等级2级以上	无
東京海上日動	長生き支援終身	护理保险	(40岁男性) 21,740日元	15～50岁	终身(60岁之后停止缴费)	500万日元	社会医保体系标准的护理等级2级以上/合同另外规定	500万日元
Aflac	ちゃんと応える 医療保険介護 EVER	护理保险	(50岁男性) 4,351日元	50～85岁	终身	100万日元	社会医保体系标准的护理等级2级以上、或由于痴呆而需要护理的规定标准	无

续表

公司	保险商品	商品种类	月保费	签约年龄限制	保障期限	住院补偿日额	一次住院日数限度	总住院日数限度	每次手术补偿	特定疾病	尖端医疗	死亡补偿金
アイアル少額短期保険	愛あるあんしんプラン	少額短期保険（医疗保险）	（35 岁男性）1,590 日元	20 ~ 69 岁	1 年	5,000 日元	60 天	无	2 万或 10 万日元（由手术类型决定）	30 万日元	上限 30 万日元	无
エヌ・シ一少額短期保険	あしたプラス〈入院給付金付定期保険〉	少額短期保险（医疗保险）	（35 岁男性）1,940 日元	15 ~ 84 岁	1 年	5,000 日元	60 天	60 天	5 万日元	无	无	上限 300 万日元
SBI いきいき少額短期保険	SBI いきいき少額の保险（医疗保险）	少額短期保险（医疗保险）	（35 岁男性）1,440 日元	20 ~ 84 岁	1 年	5,000 日元	60 天	无	5 万日元/1.5 万日元	无	上限 100 万日元	无

资料来源：作者根据保险资讯网站 hokende.com 和各公司产品广告整理。

175

日本商业健康保险监管体系研究

附表 6　日本特殊功能医院名录

序号	医疗机构名称（日文）	所在地	备注
1	国立研究開発法人国立がん研究センター中央病院	東京都中央区築地 5 丁目 1 番 1 号	臨床研究中核病院
2	順天堂大学医学部附属順天堂医院	東京都文京区本郷 3 丁目 1 番 3 号	臨床研究中核病院
3	日本医科大学附属病院	東京都文京区千駄木 1 丁目 1 番 5 号	
4	日本大学医学部附属板橋病院	東京都板橋区大谷口上町 30 番 1 号	
5	東邦大学医療センター大森病院	東京都大田区大森西 6 丁目 11 番 1 号	
6	久留米大学病院	福岡県久留米市旭町 67 番地	
7	北里大学病院	神奈川県相模原市南区北里 1 丁目 15 番 1 号	
8	聖マリアンナ医科大学病院	神奈川県川崎市宮前区菅生 2 丁目 16 番 1 号	
9	東海大学医学部附属病院	神奈川県伊勢原市下糟屋 143 番地	
10	近畿大学病院	大阪府大阪狭山市大野東 377 番地の 2	
11	自治医科大学附属病院	栃木県下野市薬師寺 3311 番地 1	
12	長崎大学病院	長崎県長崎市坂本 1 丁目 7 番 1 号	
13	山口大学医学部附属病院	山口県宇部市南小串 1 丁目 1 番 1 号	
14	高知大学医学部附属病院	高知県南国市岡豊町小蓮 185 番地 1	
15	秋田大学医学部附属病院	秋田県秋田市広面字蓮沼 44 番 2	
16	東京慈恵会医科大学附属病院	東京都港区西新橋 3 丁目 19 番 1 8 号	

序号	医疗机构名称（日文）	所在地	备注
17	大阪医科大学附属病院	大阪府高槻市大学町 2 番 7 号	临床研究中核病院
18	慶應義塾大学病院	東京都新宿区信濃町 35 番地	临床研究中核病院
19	福岡大学病院	福岡県福岡市城南区七隈 7 丁目 45 番 1 号	
20	愛知医科大学病院	愛知県長久手市岩作雁又 1 番地 1	
21	獨協医科大学病院	栃木県下都賀郡壬生町大字北小林 880 番地	
22	埼玉医科大学病院	埼玉県入間郡毛呂山町毛呂本郷 38 番地	
23	昭和大学病院	東京都品川区旗の台 1 丁目 5 番 8 号	
24	兵庫医科大学病院	兵庫県西宮市武庫川町 1 番 1 号	
25	金沢医科大学病院	石川県河北郡内灘町字大学 1 丁目 1 番地	
26	杏林大学医学部附属病院	東京都三鷹市新川 6 丁目 20 番 2 号	
27	川崎医科大学附属病院	岡山県倉敷市松島 577 番地	
28	帝京大学医学部附属病院	東京都板橋区加賀 2 丁目 11 番地 1 号	
29	産業医科大学病院	福岡県北九州市八幡西区医生ケ丘 1 番 1 号	
30	藤田医科大学病院	愛知県豊明市沓掛町田楽ケ窪 1 番地 98	
31	東京医科歯科大学医学部附属病院	東京都文京区湯島 1 丁目 5 番 45 号	
32	千葉大学医学部附属病院	千葉県千葉市中央区亥鼻 1 丁目 8 番 1 号	临床研究中核病院

续表

序号	医疗机构名称（日文）	所在地	备注
33	信州大学医学部附属病院	長野県松本市旭3丁目1番1号	
34	富山大学附属病院	富山県富山市杉谷2630番地	
35	神戸大学医学部附属病院	兵庫県神戸市中央区楠町7丁目5番2号	臨床研究中核病院
36	香川大学医学部附属病院	香川県木田郡三木町大字池戸1750－1	
37	徳島大学病院	徳島県徳島市蔵本町2丁目50番1号	
38	弘前大学医学部附属病院	青森県弘前市本町53番地	
39	東北大学病院	宮城県仙台市青葉区星陵町1番1号	臨床研究中核病院
40	広島大学病院	広島県広島市南区霞1丁目2番3号	
41	琉球大学病院	沖縄県中頭郡西原町字上原207番地	
42	北海道大学病院	北海道札幌市北区北14条西5丁目	臨床研究中核病院
43	旭川医科大学病院	北海道旭川市緑が丘東2条1丁目1番1号	
44	鳥取大学医学部附属病院	鳥取県米子市西町36番地1	
45	愛媛大学医学部附属病院	愛媛県東温市志津川454	
46	宮崎大学医学部附属病院	宮崎県宮崎市清武町木原5200番地	
47	鹿児島大学病院	鹿児島県鹿児島市桜ケ丘8丁目35番1号	
48	山形大学医学部附属病院	山形県山形市飯田西2丁目2番2号	
49	三重大学医学部附属病院	三重県津市江戸橋2丁目174番地	

序号	医疗机构名称（日文）	所在地	备注
50	大阪大学医学部附属病院	大阪府吹田市山田丘 2 番 15 号	
51	岡山大学病院	岡山県岡山市北区鹿田町 2 丁目 5 番 1 号	临床研究中核病院
52	大分大学医学部附属病院	大分県由布市挟間町医大ヶ丘 1 丁目 1 番地	
53	福井大学医学部附属病院	福井県吉田郡永平寺町松岡下合月 23 号 3 番地	
54	新潟大学医歯学総合病院	新潟県新潟市中央区旭町通 1 番町 754 番地	
55	国立大学法人金沢大学附属病院	石川県金沢市宝町 13 番 1 号	
56	熊本大学病院	熊本県熊本市中央区本荘 1 丁目 1 番 1 号	
57	名古屋大学医学部附属病院	愛知県名古屋市昭和区鶴舞町 65 番地	临床研究中核病院
58	滋賀医科大学医学部附属病院	滋賀県大津市瀬田月輪町	
59	京都大学医学部附属病院	京都府京都市左京区聖護院川原町 54 番地	临床研究中核病院
60	島根大学医学部附属病院	島根県出雲市塩冶町 89 番 1	
61	山梨大学医学部附属病院	山梨県中央市下河東 1110 番地	
62	浜松医科大学医学部附属病院	静岡県浜松市東区半田山 1 丁目 20 番 1 号	
63	佐賀大学医学部附属病院	佐賀県佐賀市鍋島 5 丁目 1 番 1 号	
64	筑波大学附属病院	茨城県つくば市天久保 2 丁目 1 番地 1	
65	東京大学医学部附属病院	東京都文京区本郷 7 丁目 3 番 1 号	临床研究中核病院

序号	医疗机构名称（日文）	所在地	备注
66	九州大学病院	福岡県福岡市東区馬出 3 丁目 1 番 1 号	臨床研究中核病院
67	防衛医科大学校病院	埼玉県所沢市並木 3 丁目 2 番地	
68	岐阜大学医学部附属病院	岐阜県岐阜市柳戸 1 番 1	
69	公立大学法人横浜市立大学附属病院	神奈川県横浜市金沢区福浦 3 丁目 9 番地	
70	関西医科大学附属病院	大阪府枚方市新町 2 丁目 3 番 1 号	
71	公立大学法人福島県立医科大学附属病院	福島県福島市光が丘 1 番地	
72	和歌山県立医科大学附属病院	和歌山県和歌山市紀三井寺 811 番地 1	
73	名古屋市立大学病院	愛知県名古屋市瑞穂区瑞穂町字川澄 1 番地	
74	大阪市立大学医学部附属病院	大阪府大阪市阿倍野区旭町 1 丁目 5 番 7 号	
75	奈良県立医科大学附属病院	奈良県橿原市四条町 840 番地	
76	札幌医科大学附属病院	北海道札幌市中央区南 1 条西 16 丁目 291 番地	
77	京都府立医科大学附属病院	京都府京都市上京区河原町通広小路上る梶井町 465	
78	東京医科大学病院	東京都新宿区西新宿 6 丁目 7 番 1 号	
79	公益財団法人がん研究会有明病院	東京都江東区有明 3 丁目 8 番 3 1 号	
80	国立研究開発法人国立国際医療研究センター病院	東京都新宿区戸山 1 丁目 2 1 番 1 号	
81	静岡県立静岡がんセンター	静岡県駿東郡長泉町下長窪 1007 番地	

续表

序号	医疗机构名称（日文）	所在地	备注
82	国立研究開発法人国立がん研究センター東病院	千葉県柏市柏の葉 6 丁目 5 番 1 号	臨床研究中核病院
83	地方独立行政法人大阪府立病院機構大阪国際がんセンター	大阪府大阪市中央区大手前 3 丁目 1 番 69 号	
84	群馬大学医学部附属病院	群馬県前橋市昭和町三丁目 39 番 15 号	
85	国立研究開発法人国立循環器病研究センター	大阪府吹田市岸部新町 6 番 1 号	
86	岩手医科大学附属病院	岩手県紫波郡矢巾町大字藤沢第 1 地割 2 番地 1	
87	聖路加国際病院	東京都中央区明石町 9 番 1 号	

資料来源：日本厚生労働省「特定機能として承認を受けている医療機関一覧」；日本厚生労働省「臨床研究中核病院一覧」。

参考文献

[1] 蔡昉．避免中等收入陷阱的社会领域挑战．比较．第 107 辑，北京：中信出版社，2020.

[2] 查默斯·约翰逊．通产省与日本奇迹——产业政策的成长．唐吉洪，金毅，许鸿艳译．长春：吉林出版集团，2010.

[3] 高柏．日本经济的悖论——繁荣与停滞的制度性根源．刘耳译．北京：商务印书馆，2004.

[4] 罗纪琼．健康保险制度：日、德、法、荷的经验与启示．高雄：巨流图书公司，2006.

[5] 潇竹，余安琪．日本保险业研究报告．信璞投资．

[6] 堀田一吉『保険理論と保険政策』，東洋経済新報社，2003.

[7] 堀田一吉『民間医療保険の戦略と課題』，勁草書房，2006.

[8] 赤木佳寿子「医薬分業と二つの政策目標——医薬分業の進展の要因」『社会薬学』第 32 巻第 2 号，2013.

[9] 大坪英二郎「生命保険業の発展と保険政策との関係に関する一考察——第二次大戦前後における競争から規制への変遷を中心として」『ビジネスクリエーター研究』第 7 巻第 6 号，2016.

[10] 河本淳孝「標準責任準備金の 20 年」『保険学雑誌』第 639 号，2017.

[11] 河口洋行「公的医療保障制度と民間医療保険に関する国際比較——公私財源の役割分担とその機能」『成城·経済研究』第 196 号，2012.

[12] 河谷善夫「生命保険契約者保護機構財源に関する一考察」『生命保険論集』第 177 号，2011.

[13] 金瑢「規制緩和が生命保険業に与えた影響に関する一考察」『保険学雑誌』第 639 号，2017.

[14] 栗山泰史「保険募集規制改革の背景と意義」『保険学雑誌』第 635 号，2016.

[15] 石田成則「金融 ADR が市場に及ぼす影響」『保険学雑誌』第 613 号，2011.

[16] 上原純「保険業法上の規制緩和」『保険学雑誌』第 639 号，2017.

[17] 松吉夏之介「保険会社における介護事業の展開状況等について」『共済総研レポート』第 160 号，2018.

[18] 松澤登「保険仲介者と募集規制——日本、EU、米国を比較して」『生命保険論集』第 164 号，2008.

[19] 丸山高行「生保相互会社の業務多角化と株式会社化」『証券経済研究』第 95 巻第 9 号，2016.

[20] 翁百合「医薬分業政策の評価と課題」『JRI レビュー』第 11 巻第 30 号，2015.

[21] 一ノ瀬淳「保険契約者等の権利保護と生命保険分野の対応」『保険学雑誌』第 636 号，2017.

[22] 齋藤裕美「混合診療の賛否には何か　影響しているのか？」『医療経済研究』第 21 巻第 1 号，2009.

[23] 財團法人保険安定基金『日本保険業預警制度之研究』，2009.

[24] 長尾敬「米国の民間保険制度と日米保険協定」，https://blog.goo.ne.jp/japan-n/e/e251cd1302b8e490044cf0f02d5af83e.

[25] 内野逸勢「20 年後の生命保険業界の行方」『大和総研グループ』，https://www.dir.co.jp/report/research/capital-mkt/it/20171013_012369.pdf.

[26] 水町雅子「次世代医療基盤法の概要」『Ｑ＆Ａでわかる医療ビッグデータの法律と実務』，2019，http://www.miyauchi-law.com/f/170828iryobigdata.pdf.

[27] 小林雅史「先進医療などの対象となる医療技術の変遷——30 年間における新技術の定着と保険適用の拡大」『ニッセイ基礎研究所基

礎研レポート』, 2017, https://www.nli-research.co.jp/report/detail/id=56891?site=nli。

[28] 篠原拓也「医療施設の設立形態——病院の開設者はどのように分類されるか?」, https://www.nli-research.co.jp/report/detail/id=63564?site=nli.

[29] 日本生命保険文化センター「令和2年度 (2021) 生命保険に関する全国実態調査」, https://www.jili.or.jp/research/report/zenkokujittai.html.

[30] 日本生命保険協会「生命保険の動向 2021」, https://www.seiho.or.jp/data/statistics/trend/pdf/all_2021.pdf.

[31] 日本生命保険協会「生命保険相談所. 相談所リポート No. 97 (令和2年度版)」, https://www.seiho.or.jp/contact/report/pdf/report2020.pdf.

[32] 日本総務省統計局「第六十九回日本統計年鑑」, https://www.stat.go.jp/data/nenkan/69nenkan/zenbun/jp69/top.html.

[33] 日本総務省統計局「2019 年全国家計構造調査」, https://www.stat.go.jp/data/zenkokukakei/2019/kekka.html#kekka.

[34] 日本内閣府「令和3年版高齢社会白書」, https://www8.cao.go.jp/kourei/whitepaper/w-2021/zenbun/03pdf_index.html.

[35] 日本厚生労働省「令和2年度 (2020) 厚生統計要覧」, https://www.mhlw.go.jp/toukei/youran/index-kousei.html.

[36] 日本厚生労働省「平成 28 年 (2016) 版厚生労働白書: 人口高齢化を乗り越える社会モデルを考える」, https://www.mhlw.go.jp/wp/hakusyo/kousei/16/.

[37] 日本厚生労働省「平成 29 年 (2017) 版厚生労働白書: 社会保障と経済成」, https://www.mhlw.go.jp/wp/hakusyo/kousei/17/.

[38] 日本厚生労働省「平成 30 年 (2018) 版厚生労働白書: 障害や病気などと向き合い、全ての人が活躍できる社会に」, https://www.mhlw.go.jp/stf/wp/hakusyo/kousei/18/.

[39] 日本厚生労働省「令和元年度 (2019) 国民医療費の概況」, https://www.mhlw.go.jp/toukei/saikin/hw/k-iryohi/19/index.html.

[40] 日本厚生労働省「令和2年 (2020) 人口動態統計 (確定数) の概況」,

https://www.mhlw.go.jp/toukei/saikin/hw/jinkou/kakutei20/index.html.

[41] 日本厚生労働省「平成 30 年度診療報酬改定の概要 DPC/PDPS 平成 30 年度診療報酬改定」，https://www.mhlw.go.jp/file/06-Seisakujouhou-12400000-Hokenkyoku/0000197983.pdf.

[42] 日本厚生労働省「平成 27 年（2015）社会保障における公的・私的サービスに関する意識調査報告書」，https://www.mhlw.go.jp/ file/04-Houdouhappyou-12605000-Seisakutoukatsukan-Seisakuhyoukakanshitsu/h27houkokusho_2.pdf.

[43] 日本厚生労働省「平成 29 年（2017）介護サーヒス施設・事業所調査の概況」，https://www.mhlw.go.jp/toukei/saikin/hw/kaigo/service17/index.html.

[44] 日本厚生労働省「令和 2 年（2020）介護サーヒス施設・事業所調査の概況」，https://www.mhlw.go.jp/toukei/saikin/hw/kaigo/service20/index.html.

[45]「国民健康保険法」，https://elaws.e-gov.go.jp/search/elawsSearch/elaws_search/lsg0500/detail?lawId=333AC0000000192.

[46]「健康保険法」，https://elaws.e-gov.go.jp/search/elawsSearch/elaws_search/lsg0500/detail?lawId=211AC0000000070.

[47]「保険業法」，https://elaws.e-gov.go.jp/search/elawsSearch/elaws_search/lsg0500/detail?lawId=407AC0000000105.

[48]「保険法」，https://elaws.e-gov.go.jp/search/elawsSearch/elaws_search/lsg0500/detail?lawId=420AC0000000056.

[49]「保険業法施行規則」，https://elaws.e-gov.go.jp/search/elawsSearch/elaws_search/lsg0500/detail?lawId=408M50000040005&openerCode=1.

[50]「個人情報の保護に関する法律」，https://elaws.e-gov.go.jp/search/elawsSearch/elaws_search/lsg0500/detail?lawId=415AC0000000057.

[51] 日本内閣府金融庁「保険会社向けの総合的な監督指針」，https://www.fsa.go.jp/common/law/guide/ins/index.html.

[52] 日本内閣府金融庁「保険会社向けの総合的な監督指針」，https://

www.fsa.go.jp/common/law/guide/ins/index.html.

[53] 日本内閣府金融庁「少額短期保険業者向けの監督指針」，https://
www.fsa.go.jp/common/law/guide/syougaku/index.html.

[54] 日本内閣府金融庁「保険商品審査事例集（2019）」，https://www.fsa.
go.jp/status/hoken_sinsajireishu/1903shinsajireishu.pdf.

[55] 日本内閣府金融庁「金融検査結果事例集」，https://www.fsa.go.jp/
policy/br/shitekijireishu/index.html.

[56] 日本内閣府金融庁「保険検査評定制度（2012）」，https://www.fsa.
go.jp/manual/manualj/hoken_hyoutei.pdf.

[57] 西日本新聞「かんぽの不適切営業問題（まとめ）」，https://www.
nishinippon.co.jp/theme/989/.

图书在版编目（CIP）数据

日本商业健康保险监管体系研究 / 朱恒鹏，李明强
主编 . -- 北京：社会科学文献出版社，2023.2
ISBN 978-7-5228-0566-5

Ⅰ. ①日… Ⅱ. ①朱… ②李… Ⅲ. ①医疗保险－监
管体制－研究－日本 Ⅳ. ① F843.136.13

中国版本图书馆 CIP 数据核字（2022）第 149029 号

日本商业健康保险监管体系研究

主　　编 / 朱恒鹏　李明强
著　　者 / 昝　馨　张心远

出 版 人 / 王利民
责任编辑 / 陈凤玲　武广汉
责任印制 / 王京美

出　　版 / 社会科学文献出版社·经济与管理分社（010）59367226
　　　　　　地址：北京市北三环中路甲 29 号院华龙大厦　邮编：100029
　　　　　　网址：www.ssap.com.cn
发　　行 / 社会科学文献出版社（010）59367028
印　　装 / 三河市东方印刷有限公司

规　　格 / 开　本：787mm×1092mm　1/16
　　　　　　印　张：12.25　字　数：185 千字
版　　次 / 2023 年 2 月第 1 版　2023 年 2 月第 1 次印刷
书　　号 / ISBN 978-7-5228-0566-5
定　　价 / 85.00 元

读者服务电话：4008918866